L'INSURRECTION
EN CHINE

DEPUIS SON ORIGINE

JUSQU'A LA PRISE DE NANKIN

Par MM. CALLERY et YVAN

Avec une Carte topographique et le portrait du Prétendant

PARIS
LIBRAIRIE NOUVELLE
BOULEVARD DES ITALIENS, 15, EN FACE DE LA MAISON DORÉE

1853

L'INSURRECTION
EN CHINE

LE LI-KI ou le Mémorial des Rites, traduit pour la première fois du chinois et accompagné de notes, de commentaires et du texte original, par M. Callery. 1 vol. in-4°.

VOYAGES ET RÉCITS, par le docteur Yvan, 2 vol. in-18 anglais. Prix : 6 fr.

Ces deux volumes renferment la relation anecdotique du voyage du docteur Yvan en Chine.

SYSTÈME PHONÉTIQUE DE L'ÉCRITURE CHINOISE, par M. Callery. 2 vol. gr. in-8°, avec texte chinois. Prix : 36 fr.

DICTIONNAIRE ENCYCLOPÉDIQUE DE LA LANGUE CHINOISE, par M. Callery. 1 vol. gr. in-8°, avec texte chinois. Prix : 12 fr.

Les formalités voulues par la loi ayant été remplies, toute reproduction, même partielle, de cet ouvrage est interdite, ainsi que sa publication en langue étrangère dans les pays avec lesquels il existe des traités internationaux garantissant la propriété littéraire.

Les points coloriés sur la carte indiquent les localités occupées par l'insurrection.

PARIS. — TYP SIMON RAÇON ET Cⁱᵉ, RUE D'ERFURTH, 1.

TIÊN-TÊ

CHEF DE L'INSURRECTION, PRÉTENDANT A L'EMPIRE DE CHINE

L'INSURRECTION
EN CHINE

DEPUIS SON ORIGINE

JUSQU'A LA PRISE DE NANKIN

Par MM. CALLERY et YVAN

Avec une Carte topographique et le portrait du Prétendant

PARIS
LIBRAIRIE NOUVELLE
BOULEVARD DES ITALIENS, 15, EN FACE DE LA MAISON DORÉE

1853

L'INSURRECTION EN CHINE

CHAPITRE PREMIER.

L'EMPEREUR TAO-KOUANG. — LES DERNIÈRES ANNÉES DE SON RÈGNE.

L'insurrection chinoise est un des événements les plus considérables de ce temps-ci : les hommes politiques de tous les pays observent avec curiosité la marche de cette armée envahissante qui, depuis trois ans, va droit devant elle dans le but avoué de renverser la dynastie tartare. Atteindra-t-elle ce prodigieux résultat ? Nul ne saurait le prédire encore ; mais les intérêts chrétiens, les intérêts commerciaux, surveillent avec inquiétude les alternatives de cette lutte, et les nations de l'Occident attendent dans l'anxiété l'issue d'une guerre qui, quoi qu'il arrive, modifiera nécessairement leurs relations avec l'empire du milieu. En l'état des choses, nous avons pensé qu'il était opportun de faire l'historique de ce soulèvement, de donner une idée de cette invasion menaçante et de la suivre dans les contrées qu'elle a déjà parcourues. Pour éclairer l'origine de ces événements, nous allons d'abord esquisser la biographie du dernier empereur et jeter un coup d'œil sur la situation de l'empire chinois au moment où finissait son règne.

Ce monarque, né en 1780, et qui avait pris en montant sur le trône le nom de Tao-kouang, *raison brillante*, était le second fils de l'empereur Kia-king. Sa jeunesse s'écoula dans une sorte d'obscurité, et il avait déjà trente-trois ans lorsqu'un événement, qui faillit éteindre sa dynastie, mit tout à coup en relief quelques-unes des qualités éminentes dont il était doué.

L'empereur Kia-king était un homme faible, incapable et dominé par son entourage. Un indigne favori régnait sous son nom. Ce personnage, appelé Lin-king, était le premier eunuque du palais. Les faits de ce genre ne sont pas rares dans les annales de la cour de Chine. Le chef des eunuques a toujours une grande influence dans les intrigues de palais, et, suivant les idées étranges de ce pays, sa ridicule personnalité n'est pas un obstacle à son ambition. L'autorité de celui-ci était sans bornes. Il disposait de tous les emplois. Les hauts fonctionnaires, les ministres et la famille impériale elle-même pliaient devant lui. Cette haute fortune ne le satisfit pas; l'exercice indirect du pouvoir l'enhardit jusqu'à vouloir pour lui-même l'autorité souveraine, et il commença à se frayer le chemin du trône en gagnant la plupart des mandarins militaires. Cette conspiration s'ourdit si secrètement, que personne, à la cour de Pékin, ne conçut le moindre soupçon.

Un jour que l'empereur était à la chasse avec ses fils, Lin-king fit entrer dans la capitale des troupes dont les chefs lui étaient entièrement dévoués, et les soldats furent disséminés aux environs du palais. Le plan du premier eunuque était de tuer l'empereur et les princes de la famille impériale, et de se faire proclamer immédiatement par l'armée, dont il avait gagné les chefs. Vers le soir, l'empereur rentra au palais sans défiance, accompagné de son fils aîné et suivi de son cortége habituel de mandarins civils et militaires. A peine le grand portail s'était-il refermé derrière lui, que Lin-king donna le signal à ses cohortes, lesquelles cernèrent aussitôt le palais et en gardèrent toutes les issues.

Dans le trouble et les précipitations d'un tel moment, le premier eunuque ne s'était pas aperçu que le second fils de Kia-king n'était pas revenu de la chasse avec son père. Tandis que la conjuration éclatait, le prince rentrait seul à Pékin; il était en habit de chasse et ne portait aucun des insignes de son rang ; grâce à cette circonstance, il put traverser la ville sans être reconnu. La plus grande agitation régnait déjà dans les principaux quartiers ; il ne lui fallut qu'un moment pour comprendre la cause de ce tumulte et deviner dans quel but les troupes avaient envahi les environs du palais. A la faveur de son simple costume, il passa au milieu de la populace ameutée et prête au désordre, et pénétra jusqu'au foyer de l'insurrection. Le premier eunuque était sorti du palais pour haranguer ses partisans, et le prince put reconnaître que le favori, dont l'insolence l'avait si souvent indigné, était le chef de cette rébellion. Alors il s'approcha encore, confondu dans la foule des cavaliers, et, seul parmi tant d'ennemis, il ne perdit ni son sang-froid ni son courage. Son adresse, non plus, ne lui fit point défaut ; il arracha les boutons globuleux de métal qui garnissaient ses habits pour s'en servir en guise de balles, chargea le fusil de chasse qu'il portait en bandoulière, et, ajustant le premier eunuque à une petite distance, il l'étendit roide mort.

Aussitôt le désordre se mit parmi les troupes, les soldats s'enfuirent en jetant leurs armes, et tous les partisans de Lin-king se dispersèrent pour tâcher de se soustraire au châtiment qu'ils méritaient. Le prince rentra triomphant dans la demeure impériale, dont les rebelles n'avaient pas violé le seuil, et le vieux Kia-king apprit, en même temps, les périls qu'il avait courus et sa délivrance.

Tao-kouang monta sur le trône en 1820. Selon l'usage des princes de sa dynastie, il avait épousé une femme tartare, une femme au grand pied. Elle ne lui avait point donné d'enfant; mais il eut de ses concubines une nombreuse postérité. En Chine, la loi et les mœurs n'établissent aucune différence entre les enfants nés de la femme légitime et ceux des concubines; tous ont les mêmes droits, et la stérilité de l'impératrice n'était d'aucune conséquence pour ce qui touchait à la succession au trône.

Pendant la première période de son règne, Tao-kouang appela à la gestion des affaires publiques des hommes d'Etat qui, aux yeux des populations, étaient les gardiens fidèles des traditions chinoises. Chaque nation dont l'histoire remonte fort loin dans le passé a son parti conservateur. Durant les époques tranquilles, c'est à ces représentants des vieilles garanties nationales que doit échoir le gouvernement. Mais lorsque le moment de modifier les anciennes constitutions est inévitablement arrivé, leur attachement exclusif aux choses du passé devient réellement un danger. Cette vérité politique est aussi sensible dans l'histoire des révolutions de l'empire du milieu que dans notre propre histoire. Les agents de Tao-kouang, Chinois jusqu'au fond des entrailles et pleins d'un superbe dédain pour les nations barbares, entraînèrent leur pays dans une guerre désastreuse, parce qu'ils ne comprirent pas que le moment était venu pour eux de descendre des hauteurs diplomatiques où leur présomption et la longanimité européenne les avait si longtemps maintenus. Plus tard, c'est encore le même esprit de résistance aux nécessités du temps qui a déterminé le mouvement insurrectionnel dont nous allons retracer l'histoire. De sorte que les deux événements les plus considérables que les annales chinoises aient enregistrés depuis un quart de siècle, la guerre contre l'Angleterre et la révolte du Kouang-Si, ont été déterminés par la même cause.

Malgré toutes les résistances du fils du ciel, la guerre de la Chine contre l'Angleterre eut pour résultat de faire entrer en quelque sorte la diplomatie chinoise dans le mouvement politique de l'Occident, et l'expérience que Tao-kouang avait faite à ses dépens n'a pas instruit son successeur. Avant de poursuivre, disons sommairement à quelle occasion cette première lutte fut engagée. Cet aperçu rentre d'ailleurs dans notre cadre, les orgueilleux mandarins étant réduits à appeler à leur secours les nations pour lesquelles ils affectaient naguère un si souverain mépris.

En vertu de son ancienne charte, la Compagnie des Indes avait, jusqu'en 1834, le monopole du commerce britannique avec la Chine. Ces marchands, qui ont fondé, hors de leur pays, l'empire le plus opulent et le plus vaste de notre époque, avaient seuls le droit de trafiquer des riches produits de l'empire du milieu. On comprend que, lorsque des difficultés s'élevaient entre les fonctionnaires chinois et les agents de la Compagnie, ceux-ci, exclusivement préoccupés des intérêts commerciaux, protestaient faiblement contre des prétentions souvent exorbitantes. Les représentants de la Compagnie n'étaient, pour la plupart, que d'habiles négociants, et celui d'entre eux qui, dans les derniers temps, a acquis la plus grande notoriété, sir John Davis, avait beaucoup plus de littérature que de susceptibilité nationale.

Lorsque, en 1834, le privilége de la Compagnie expira, le gouvernement anglais refusa de le renouveler, et tous les négociants de la Grande-Bretagne eurent le droit de trafiquer avec la Chine. Quelques années plus tard, l'empereur Tao-kouang résolut d'arrêter dans ses États l'invasion d'une coutume qui datait déjà de plus d'un siècle, et de défendre la vente de l'opium dans toute l'étendue du céleste empire. A cet effet, il envoya à Canton un homme dont il avait déjà apprécié les services. Ce mandarin, d'une intégrité reconnue, d'une volonté inflexible d'une rigidité quelque peu barbare, vint dans la capitale des deux Kouang remplacer un agent infidèle, qui, moyennant d'énormes rétributions, fermait les yeux sur le trafic illicite des négociants anglais et des contrebandiers.

Tout le monde trembla à l'arrivée du nouveau gouverneur, qui portait les insignes des plus hautes dignités, et dont l'extérieur était très-imposant.

Lin était alors un homme de cinquante ans environ ; il portait le globule rouge uni et la plume de paon à deux yeux.

Le seul tort de Lin fut de ne pas comprendre la différence des temps et de ne pas tenir compte du changement qui s'était opéré dans le personnel de ce groupe d'étrangers avec lesquels il avait à régler des questions si délicates et si difficiles. Tant que les mandarins avaient eu à traiter directement avec les mandataires de la Compagnie des Indes, ils avaient pu sans danger affecter une morgue dédaigneuse qui touchait médiocrement des hommes préoccupés avant tout de leurs intérêts. Mais, lorsque Lin se trouva subitement en rapport avec les agents d'un gouvernement jaloux de sa dignité, il vint se heurter à un écueil qu'il ne soupçonnait pas.

En homme habile, il aurait dû se borner aux mesures efficaces qu'il avait déjà prises. Grâce à son activité, à son zèle et surtout à la crainte qu'il inspirait, il avait rendu du nerf à l'administration chinoise, et les fraudeurs, traqués sans relâche par les gabelous du céleste empire, avaient presque renoncé à leur dangereux commerce. Mais, non content de ce premier succès, il voulut, par un acte de vigueur, frapper les commerçants anglais et leur ôter pour jamais la pensée de transporter de nouveau, à leurs risques et périls, la drogue narcotique dans l'empire du milieu.

Une nuit, les hongs ou factories, où résident les étrangers, furent environnés de troupes, et le lendemain, à leur réveil, les Anglais, les Américains et les Parsis apprirent qu'ils étaient prisonniers de Lin, et que le vice-roi des deux Kouang leur donnait trois jours pour lui livrer tout l'opium qu'ils avaient à bord des *receiving ships*, faute de quoi ils seraient punis avec la dernière rigueur du nouveau statut, ou, en d'autres termes, qu'ils auraient tous la tête tranchée.

La mesure était violente, d'autant plus que Lin n'était nullement dans son droit. En France, où l'on n'a pas toujours des idées justes, c'est un fait acquis que, dans cette guerre de l'opium, les Anglais eurent tous les torts, et que la cause du droit succomba dans le traité de Nankin : rien n'est plus faux. Les Anglais faisaient la contrebande sur les côtes du céleste empire exactement comme on la fait aujourd'hui sur nos frontières et sur nos côtes, et l'on n'a pas encore, que nous sachions, érigé en principe qu'on puisse saisir et menacer de la mort les négociants étrangers qu'on a sous la main, en prétextant qu'il y a en rade du Havre ou de Marseille des navires chargés de marchandises prohibées. Quoi qu'il en soit, lorsque Lin frappa ce coup hardi, il y avait devant l'île de Lin-Tin des navires chargés de plus de vingt mille caisses d'opium, représentant une valeur de plus de cinquante millions de francs. Cet engorgement provenait des mesures efficaces que l'administration du hoppo (directeur général des douanes de Canton) avait prises à l'instigation et sous la surveillance de Lin.

Dans cette situation extrême, les prisonniers écrivirent immédiatement au capitaine Elliot, commandant des forces navales de l'Angleterre dans les mers de Chine, lequel se trouvait alors à Macao. Ils lui firent connaître le danger qui menaçait leur vie et leur fortune en réclamant son intervention et ses secours. Le capitaine Elliot vint sur-le-champ se réunir à ses compatriotes. Après les avoir engagés à ne pas céder aux exigences des mandarins, il annonça qu'il achetait, au nom de S. M. la reine de la Grande-Bretagne, les vingt mille caisses d'opium, et il déclara qu'il faisait une question politique de ce qui n'eût été auparavant qu'une simple difficulté commerciale; après quoi il fit signifier à Lin qu'il eût à faire retirer ses troupes et à rendre la liberté aux sujets de la reine. Le vice-roi ne tint nul compte de cette sommation. Il répondit simplement que les mesures d'extrême rigueur ne cesseraient d'être exécutoires à l'égard des Anglais qu'après l'entière livraison de l'opium qui était à bord de leurs navires.

Comme le capitaine Elliot n'avait pas les forces suffisantes pour résister aux troupes chinoises, il livra la marchandise prohibée. Lin fit creuser d'immenses fosses, et l'opium, couvert de chaux vive, fut enfoui dans l'île de Lin-Tin, en présence de témoins, et après cette opération les négociants étrangers détenus à Canton furent rendus à la liberté.

Mais le jour des représailles ne tarda pas à arriver ; quelque temps après, les navires de la Grande-Bretagne remontaient la rivière de Canton, démantelant les forts et menaçant les deux rives, et ils prenaient une forte position sur les côtes septentrionales de la Chine en s'emparant de l'archipel de Tchou-San. Quand on reçut ces nouvelles à Pékin, Lin fut immédiatement rappelé, et l'empereur désigna pour le remplacer Ki-chan, un des membres de la famille impériale. Ki-chan était un homme capable et résolu ; il comprit sur-le-champ à quels ennemis il avait affaire, et dans quels périls l'imprudence et la présomption de son prédécesseur avaient mis le gouvernement. En diplomate habile, il n'hésita pas à accepter l'ultimatum posé par les barbares, c'est-à-dire qu'il évita la guerre, une guerre désastreuse, à des conditions assez dures, une forte indemnité payée aux Anglais, la cession de Hong-Kong, etc., etc. Mais, lorsque le traité fut soumis à la sanction de l'empereur, le fils du ciel le rejeta avec colère. Ki-chan fut rappelé ignominieusement, et subit la plus éclatante disgrâce dont un haut fonctionnaire ait été frappé sous le règne de Tao-kouang. Il fut dégradé publiquement, ses biens furent confisqués, ses concubines vendues, sa maison rasée, et, pour dernière misère, il fut exilé au fond de la Tartarie.

Ces revirements subits de fortune sont un spectacle que le céleste empereur donne souvent au peuple chinois. Les classes inférieures applaudissent toujours à ces soudaines péripéties, qui satisfont ses instincts grossiers : pour elles, un coup fortement frappé est toujours justement appliqué. Ceux de nos lecteurs qui voudraient faire plus ample connaissance avec le grand mandarin Ki-chan n'ont qu'à lire le *Voyage au Thibet* de MM. Huc et Gabet ; ils l'y retrouveront, à Lassa, dans l'intimité des intrépides voyageurs.

Un mandarin du nom de Y-chan remplaça Ki-chan dans le gouvernement de Canton. Il rapportait lacéré le traité que son prédécesseur avait conclu. Aussitôt les hostilités recommencèrent. Tout le monde connaît les résultats de l'expédition anglaise : Ning-Po, Chang-Haï, Tchou-San, Ting-Haï, tombèrent successivement aux mains des Anglais, qui contraignirent enfin les Chinois à signer, à Nankin, un traité par lequel ils firent aux barbares la cession de Hong-Kong, leur permirent l'entrée de quatre nouveaux ports sur les côtes septentrionales de l'empire, leur accordant en outre l'occupation de Tchou-San pendant cinq années, et s'engageant de plus à leur payer une forte indemnité.

Ce fut Ki-in, un autre membre de la famille impériale, qui vint conclure ce traité. Ki-in, que nous avons connu intimement, était l'ami politique de Mou-tchang-ha, le premier ministre, président du conseil. Ces deux personnages furent incontestablement les plus grands hommes d'État de l'époque où régna Tao-kouang. Il est très-probable que le sublime empereur, le fils du ciel, n'a jamais su précisément ce qui s'était passé entre les Anglais et les Chinois. Il mourut, sans doute, avec la douce consolation que ses troupes étaient invincibles, et que, si l'on avait fait l'aumône de Hong-Kong à quelques misérables dépaysés, c'est qu'ils avaient imploré le bonheur de devenir ses sujets.

Quoi qu'il en soit, le traité de Nankin signé et ratifié, Ki-in fut nommé gouverneur des deux Kouang et vint occuper le poste difficile de Canton. Dès cet instant, il fit entrer ses convictions dans l'esprit de Mou-tchang-ha, le premier ministre, et, grâce à son influence sur ce grand dignitaire, si parfois des difficultés s'élevèrent encore entre les Occidentaux et les Chinois, une rupture devint à peu près impossible. Nous devons ajouter que cette politique nouvelle, que cette attitude des conservateurs progressistes irrita contre eux la populace de Canton. On les accusa de pactiser avec l'étranger et de trahir leur souverain dans l'intérêt des barbares. Des milliers de placards ont signalé le nom de Ki-in à la haine et aux vengeances populaires. Nous allons citer textuellement une de ces affiches, pour prouver que l'injustice, la violence et les passions mauvaises sont de tous les pays et de toutes les races :

« Nos mandarins carnivores ont été jusqu'ici de

connivence avec ces bandits d'Anglais dans tout ce que ceux-ci ont fait contre l'ordre et la justice ; et notre nation déplorera encore dans cinq cents ans l'humiliation qu'on lui a fait subir.

« Dans la cinquième lune de cette année, plus de vingt Chinois ont été tués par les étrangers ; leurs corps ont été jetés à la rivière et enterrés dans le ventre des poissons ; mais nos hautes autorités ont traité ces affaires comme si elles n'en avaient pas entendu parler : elles ont regardé les *diables étrangers* comme s'ils étaient des dieux, elles n'ont pas fait plus de cas des Chinois que s'ils étaient de la chair de chien, et ont méprisé la vie des hommes comme les cheveux que l'on rase sur la tête. Elles persistent à ne vouloir faire au trône aucune représentation, et à ne pas s'occuper de cette affaire comme elles le devraient. Des milliers de gens se sont lamentés et indignés ; la douleur a pénétré la moelle de leurs os, et ils n'ont trouvé d'autre consolation que de mettre leur douleur en commun dans les assemblées publiques ! » etc.

Ces absurdes accusations n'eurent alors aucune influence sur la destinée politique de Ki-in. L'empereur, satisfait de ses services, le rappela à Pékin pour lui conférer de nouvelles dignités et l'élever à de plus hautes fonctions ; il devint le collègue de Mou-tchang-ha. Ces deux hommes d'État essayèrent alors de réaliser quelques réformes : le premier essai porta sur l'art militaire. Ki-in comprenait parfaitement que les soldats chinois, armés comme les héros d'Homère, d'arcs et de flèches, ou embarrassés de vieilles arquebuses à mèche, ne pouvaient lutter contre les troupes européennes, et il essaya de changer cet équipement grotesque. Nous trouvons, sur ce sujet, un rapport très-curieux présenté à l'empereur sous le ministère de Ki-in : il s'agit de remplacer l'arquebuse à mèche par le fusil à piston. On va voir que, dans cette espèce de révolution, la Chine a sur nous un avantage : elle a passé par-dessus la platine à silex.

« J'expose avec respect que, Votre Majesté ayant chargé un prince de la famille impériale de procéder à l'essai des armes à percussion, fabriquées dans mon département, toutes ces armes ont été trouvées d'un excellent usage. Cependant, comme les batteries des fusils et des pierriers à percussion présentent, dans leur mécanisme, une certaine analogie avec les montres et les pendules, elles sont à chaque instant susceptibles de se déranger et de ne pas marcher du tout, et exigent par conséquent des réparations fréquentes, qu'il ne faut pas négliger, afin de les tenir toujours en état de servir au premier besoin.

« Pour la fabrication de la poudre fulminante et de la poudre ordinaire, il faudra un supplément annuel de mille cattis de salpêtre et cinquante cattis de soufre, que je prie Votre Majesté de me faire délivrer.

« Il faudra que cinquante mille capsules en cuivre soient mises annuellement en réserve dans les arsenaux, et renouvelées, après un temps convenable, pour parer aux éventualités d'une guerre imprévue. En dehors de cet approvisionnement, on fabriquera la quantité de capsules nécessaire aux exercices à feu, qui ont lieu pendant les grandes revues de printemps et d'automne.

« Une année s'est à peine écoulée depuis que Votre Majesté a ordonné la fabrication des armes de guerre susdites, et tous ceux qui y furent employés, artificiers, officiers et soldats, ont déjà acquis une expérience merveilleuse, non-seulement dans l'art de les fabriquer, mais aussi dans celui de s'en servir. Nous prions donc Votre Majesté de vouloir bien accorder à chacun d'eux la récompense que méritent ses louables efforts. Nous vous demandons aussi de publier un édit qui fasse connaître le nom mantchou que devront porter les fusils à piston. »

Ainsi, dans les derniers jours du règne de Taokouang, l'empire du milieu entra dans la voie d'un véritable progrès, Mou-tchang-ha et Ki-in contribuèrent puissamment à cette impulsion. L'esprit conciliant des deux ministres favorisait des relations meilleures. Les Anglais donnaient la chasse aux pirates dans l'intérêt du commerce des deux nations; si quelque jonque suspecte se montrait dans la mer du Sud, ils coulaient ces forbans, et tout allait pour le mieux, lorsqu'un événement inattendu changea la situation.

CHAPITRE II.

AVÉNEMENT DE L'EMPEREUR HIÈN-FOUNG.

Le 26 février 1850, à sept heures du matin, les abords du palais impérial de Pékin étaient obstrués par une foule compacte de mandarins des ordres inférieurs, et de serviteurs aux vêtements blancs, à la ceinture jaune, lesquels parlaient à voix basse, et portaient sur leurs traits l'expression d'une douleur officielle. Au milieu de ce flot de fonctionnaires subalternes, stationnaient seize individus, accompagnés chacun d'un valet qui tenait en laisse un cheval sellé et bridé. Ces seize personnages avaient le bonnet de satin attaché sous le menton et surmonté du globule blanc ; ils portaient une ceinture de grelots ; un tube de couleur jaune était passé en sautoir à leur épaule, et ils tenaient à la main un fouet aux lanières sifflantes. Un des grands dignitaires sortit du palais, et vint remettre de sa main à chacun de ces hommes un pli fermé du sceau rouge, du sceau impérial; ceux-ci, après s'être inclinés pour le recevoir, ramenèrent devant leur poitrine le tube, qui, sauf sa couche jaune, ressemblait parfaitement au cylindre de fer-blanc où les soldats libérés enferment leur congé; ils y placèrent avec respect la dépêche officielle; puis ils sautèrent à cheval, et les palefreniers les assujettirent sur la selle avec des courroies qui passaient sur les cuisses. Lorsqu'ils furent solidement attachés, la foule s'écarta et les chevaux partirent au triple galop. Ces seize cavaliers, qu'on appelle *Féï-ma*, chevaux volants, devaient faire, chaque vingt-quatre heures, six cents *li* ou soixante lieues, selon notre manière de compter. Ils allaient porter aux gouverneurs généraux des seize provinces du céleste empire la dépêche suivante :

« Le ministère des rites fait savoir en grande hâte au gouverneur général que, le 14 de la première lune, l'empereur suprême, monté sur le dragon, est parti pour les régions éthérées. Le matin, à l'heure *mao*, Sa Majesté céleste a transmis la dignité impériale à son quatrième fils, *Se-yo-ko*, et le soir, à l'heure *haï*, elle est partie pour le séjour des dieux.

« Il est ordonné, en conséquence, que le deuil de l'impératrice douairière, qui allait bientôt finir, soit immédiatement repris par tous les fonctionnaires civils et militaires, sans que, dans l'intervalle, il soit permis de se faire raser la barbe et les cheveux. Un décret postérieur fera connaître la durée du grand deuil impérial. »

Comme on le voit, l'empereur Tao-kouang était mort, transmettant, selon les constitutions de l'empire, la dignité suprême au successeur qu'il s'était choisi. C'était son quatrième fils qui allait porter le sceptre; mais le fils du ciel avait dérogé aux anciens usages en désignant de vive voix son héritier. Ordinairement ce legs de la toute-puissance était consigné longtemps d'avance dans un acte solennel qu'on déposait dans un coffret d'or, lequel était ouvert avec grand apparat lorsque l'empereur avait cessé de vivre. Mais, en Chine même, les dernières volontés des monarques défunts ne sont pas toujours respectées, et l'on y reconnaît, comme partout ailleurs, la vérité de ce dicton mal sonnant :

« Mieux vaut goujat debout qu'empereur enterré. »

L'histoire du Céleste empire offre plus d'un exemple de cette violation des ordres posthumes du souverain ; il n'est pas inutile de rapporter ici un des plus frappants, parce qu'il présente des traits caractéristiques de la civilisation et des mœurs chinoises :

Le second empereur de la dynastie des Tsin, *Tsin-che-houang*, étant déjà vieux et cassé, envoya son fils *Fou-sou*, héritier de la couronne, dans le nord de la Chine pour présider aux travaux de défense que trois cent mille hommes exécutaient sur la frontière de Tartarie. Il donna pour guide et pour surveillant au jeune prince le célèbre Mong-tièn, un général expérimenté, la plus illustre épée de son temps. Tandis que le prince impérial et ses trois cent mille hommes travaillaient à cette grande muraille de la Chine, que les voyageurs ont si considérablement allongée dans leurs récits, il prit envie au vieil empereur Tsin-che-houang d'aller en pèlerinage dans les provinces méridionales, afin de visiter les tombeaux de ses prédécesseurs *Chuen* et *Yu*. Ce dernier est le Deucalion de la mythologie chinoise et sa mémoire est en grande vénération.

Tsin-che-houang fit ce long trajet accompagné de son second fils, Hou-haï, et de Tcha-kao, chef des eunuques. Le vieil empereur ne put supporter les fatigues du voyage; il tomba malade fort loin de sa capitale, et, sentant sa fin approcher, il écrivit à son fils aîné de quitter la frontière et de se rendre en toute hâte dans la capitale de l'empire, pour y attendre la nouvelle de sa mort et célébrer ses funérailles lorsque ses fidèles serviteurs y auraient conduit son corps.

Le chef des eunuques, chargé d'apposer le sceau impérial sur cette missive et de l'expédier au prince héritier de l'empire, fabriqua une autre dépêche et la substitua audacieusement à celle de l'empereur mourant. Dans cette pièce, revêtue des marques authentiques, Tsin-che-houang ordonnait au prince, son fils, et à l'illustre épée qui l'accompagnait, de se donner la mort en expiation de leurs malversations.

Le lendemain de cette substitution, l'empereur mourut. L'infâme Tcha-kao décida alors le second fils à s'emparer du trône ; mais, pour parvenir à cette usurpation, il fallait cacher pendant un certain temps la mort de l'empereur, afin que les hauts fonctionnaires et les jeunes princes de la famille impériale qui étaient restés dans la capitale ne fissent point proclamer spontanément l'héritier désigné d'avance par le monarque défunt.

L'eunuque imagina alors un stratagème : le corps, enveloppé de vêtements somptueux et dans la même attitude que s'il était vivant, fut placé dans une litière environnée d'un léger treillis et cachée par des rideaux de soie ; quelques affidés pouvaient seuls en approcher ; et l'eunuque fit publier tout le long de la route que l'empereur, voulant hâter son retour, voyagerait jour et nuit sans descendre de sa litière. A l'heure des repas, on s'arrêtait un moment pour prendre des aliments que consommait un homme caché dans la litière à côté du cadavre, et aucun œil curieux ne pouvait rien distinguer à travers les épais rideaux de soie.

Par malheur, ceci se passait durant les fortes chaleurs de l'été, et ce corps mort ne tarda pas à exhaler des miasmes insupportables ; cette circonstance allait déceler la terrible vérité, mais l'eunuque s'avisa d'un nouvel expédient : il fit précéder le convoi impérial d'un édit antidaté par lequel l'empereur, préoccupé des intérêts du commerce, permettait aux chariots des marchands d'huîtres de suivre le même chemin que son cortége; ce qui, précédemment, leur était sévèrement interdit, parce que leur marchandise répand une puanteur excessive. Ces huîtres, qu'on appelle en chinois *pao-yu*, sont d'énormes coquilles que les naturalistes désignent sous le nom de spondyles, et, à cette époque comme aujourd'hui, le peuple en faisait une énorme consommation.

Les marchands profitèrent de la permission qui leur était octroyée; les spondyles précédèrent et suivirent par milliers le cortége impérial, et l'environnèrent d'une atmosphère qui défiait l'odorat le plus subtil de reconnaître, à travers les émanations alcalines, les émanations putrides du cadavre. Le véhicule impérial arriva ainsi dans la capitale, où il fut reçu au bruit des gongs et aux acclamations de la multitude.

Le prince Hou-haï et l'eunuque prirent aussitôt leurs dispositions; ils gagnèrent les hauts fonctionnaires et les soldats; puis ils annoncèrent la mort de Tsin-che-houang et proclamèrent le nouvel empereur. Tandis que ceci se passait à Ping-Yuèn, Fou-sou et Mong-tièn recevaient avec stupeur l'édit impérial qui leur ordonnait de se donner la mort. Le vieux général fit observer à son élève qu'il était contraire aux règles d'une saine politique de donner à des généraux qui commandaient à trois cent mille hommes l'ordre de se tuer de leur propre main, sans même avoir pourvu à leur remplacement, et il fut d'avis que la missive impériale était apocryphe. Mais Fou-sou répondit héroïquement que la piété filiale lui commandait d'obéir, sans examen ni discussion, à un ordre revêtu du sceau paternel, et, sans hésiter, il se poignarda.

L'avénement de l'empereur actuellement régnant ne fut pas environné d'aussi funestes circonstances, quoique son père ne l'eût point désigné dans les termes auxquels ce peuple, essentiellement formaliste, attache une grande importance. Il monta sur le trône sans opposition, et, si nous avons raconté la catastrophe du prince Fou-sou, c'est seulement dans le but de faire comprendre au lecteur combien les attentats les plus audacieux s'accomplissent aisément dans un pays où le souverain, presque invisible, est entouré de gens qui peuvent, dans un moment donné, s'entendre pour garder les plus redoutables secrets et violer sans lutte, sans combat, la loi de la succession au trône. Le nouvel empereur quitta, selon l'usage, le nom qu'il avait porté jusqu'alors, et prit le nom de Hièn-foung, qui signifie *complète abondance*.

CHAPITRE III.

LE NOUVEL EMPEREUR ET LES ANCIENS MINISTRES. — PREMIÈRES NOUVELLES DU MOUVEMENT INSURRECTIONNEL.

Après la mort de Tao-kouang, l'un de nous écrivait les lignes suivantes : « Il faut être bien ignorant des affaires de Chine, ou avoir quelque intérêt à dissimuler la vérité, pour méconnaître la gravité de la situation politique résultant de la mort du vieil empereur. » Nous adressions ces paroles à des publicistes qui semblent croire que les populations du céleste empire sont entièrement étrangères aux sentiments qui animent les peuples de l'Occident. Quant à nous, qui sommes convaincus depuis longtemps que le dédain des Chinois pour les arts des barbares est dû à une exagération de l'amour-propre national, nous ne pouvions nous dissimuler la gravité de la situation.

Un jeune homme de dix-neuf ans, héritant de la toute-puissance, succédant à un vieillard dont le règne avait été traversé par des événements d'une incalculable portée, nous semblait une épreuve fort dangereuse pour les destinées de l'empire. Il était à craindre qu'il n'obéît aux sentiments et aux inspirations de ceux de son âge, et, il faut bien le dire, en Chine, la jeunesse lettrée et le peuple ignorant partagent les mêmes opinions politiques. Ils professent une haine égale pour l'étranger ; ils ont la même répulsion instinctive pour les institutions des autres pays. Les arts des autres peuples leur semblent entachés d'hérésie, car ils sentent qu'à leur suite pénétreraient chez eux d'autres mœurs et d'autres coutumes. En un mot, ils sont réactionnaires par nature et par attachement aux coutumes nationales. C'est l'âge mûr qui, formé à l'école de l'expérience, apprécie les arts et les institutions des nations chrétiennes. Ki-in, avant d'avoir subi aucune disgrâce, du temps de notre séjour en Chine, faisait souvent l'éloge des gouvernements de l'Angleterre, des États-Unis et de la France, et, dans le même moment, Ki-chan, injustement précipité du faîte des grandeurs, exprimait la même pensée à MM. Huc et Gabet, dans la ville sainte du Thibet.

L'avénement de Hièn-foung fut salué par toutes les espérances. Le parti national voyait en lui le régénérateur de l'ancien exclusivisme. S'il n'espérait pas lui voir reconstruire la grande muraille qui s'écroule, il pouvait croire, sans trop de vanité, qu'il barrerait le fleuve de Canton pour empêcher les *bateaux de feu* des barbares de remonter jusqu'à la capitale des deux Kouang. D'autre part, les conservateurs progressistes pensaient que le fils de Tao-kouang, l'élève de Ki-in, conserverait la paix avec l'étranger, régulariserait le commerce de l'opium, comme les Anglais l'ont fait dans l'Inde, les Hollandais dans la Malaisie, comme nous avons nous-mêmes réglé la vente de deux poisons tout aussi dangereux, les alcools et le tabac ; et qu'enfin les armées, les flottes et l'administration chinoises arriveraient, par d'importantes réformes, aux améliorations que commandaient les temps nouveaux.

Dans les pays monarchiques, dans les monarchies absolues surtout, les commencements d'un nouveau règne donnent carrière à toutes les illusions, à tous les rêves ambitieux. Chacun, pénétré de son utopie, compte la voir se réaliser, parce qu'il suffirait pour cela d'un signe de la volonté souveraine, et durant les premiers jours du règne de Hièn-foung, les divers partis crurent tous à l'avenir de leur système politique.

Cependant le jeune empereur vivait, entouré d'un peuple de flatteurs, d'eunuques et de concubines, dans son immense palais, aussi vaste qu'une de nos grandes villes fortifiées. Il ne dépassait pas les limites de ces jardins dont les allées sont sablées de quartz aux mille couleurs, et l'on put croire qu'il était absorbé dans les voluptés raffinées, les splendides jouissances que cachent ces retraites impénétrables aux regards du vulgaire. Les hommes politiques commençaient à s'étonner de cette longue inaction, lorsqu'un jour la foudre éclata : la puissance absolue se manifesta enfin, l'instant était venu des chutes inattendues, des fortunes inespérées. C'était le parti réactionnaire qui triomphait. Le *Moniteur* de Pékin donna la révocation de Mou-tchang-ha et de Ki-in, en motivant cette mesure de la manière suivante :

« Employer les hommes de mérite et chasser les indignes, c'est là le premier devoir d'un souverain ; car, si on use de ménagements envers les indignes, l'administration perd toute sa force.

« Dans ce moment, les dommages causés à l'empire par la négligence de quelques fonctionnaires ont atteint les dernières limites. Le gouvernement tombe partout en décadence ; le peuple est dans un état de démoralisation générale, et c'est sur moi que retombe ce déplorable état de choses. C'était pourtant le devoir des ministres placés auprès de moi de proposer de bonnes mesures, de réformer les mauvaises, et de me prêter ainsi une assistance journalière qui m'empêchât de faillir.

« Mou-tchang-ha, en qualité de premier ministre du cabinet, a joui de la confiance de plusieurs empereurs ; mais il n'a tenu aucun compte des difficultés attachées à sa charge, ni de l'obligation où il était de s'identifier avec la vertu et les bons conseils de son souverain. Au contraire, tout en conservant sa position et le crédit qui y était attaché, il a éloigné des emplois, au grand détriment de l'empire, les hommes d'un mérite réel ; et prenant, pour mieux me tromper, des dehors de dévouement et de fidélité, il n'a employé son talent qu'à faire habilement accorder mes idées avec les siennes.

« Un des actes qui soulèvent le plus l'indignation, c'est la destitution qu'il prononça contre les hommes qui avaient des opinions politiques différentes des siennes, à l'époque où fut entamée la question des barbares. A l'égard de Ta-houng-ha et Yao-joung, par exemple, dont la fidélité et l'énergie extrêmes lui faisaient ombrage, il n'a eu de repos qu'après les avoir renversés; mais, à l'égard de Ki-in, homme sans honte et mort à la vertu, qu'il espérait avoir pour complice de ses iniquités, il ne fut content que lorsqu'il l'eut porté à la plus haute élévation. On ne saurait dire le nombre d'exemples semblables où la faveur a été employée par lui pour s'emparer à chaque fois d'une plus grande portion de pouvoir.

« Le dernier empereur avait trop de droiture, trop d'équité, pour soupçonner les hommes de perfidie, et c'est pour cela que Mou-tchang-ha a pu marcher sans crainte et sans obstacles dans la voie de ses désordres. Si la lumière s'était faite une fois sur toutes ses trahisons, nul doute qu'il n'eût subi un châtiment sévère, nul doute qu'aucune commisération n'eût été ressentie pour sa personne; mais l'impunité et la continuation des bontés impériales augmentèrent sa hardiesse, et il arriva jusqu'à ce jour sans changer de conduite.

« Au commencement de notre règne, toutes les fois que l'occasion se présentait d'avoir son avis, ou il le donnait dans des termes équivoques, ou il gardait le silence. Mais, quelques mois après, il entreprit de déployer la ruse. Lorsque le navire des barbares Anglais arriva à Tièn-Tsin, il s'entendit avec son confident Ki-in, afin de faire prévaloir sa politique et d'exposer les populations de l'empire au retour des calamités passées. On ne saurait dépeindre tous les dangers cachés dans ses intentions.

« Lorsque le ministre Pan-che-gan nous conseilla fort d'employer Lin, Mou-tchang-ha fit valoir sans cesse que la faiblesse et les infirmités de Lin rendaient cet homme impropre à tout emploi ; et, lorsqu'enfin nous lui avons ordonné d'aller au Kouang-Si exterminer les rebelles, Mou-tchang-ha mit alors en question l'aptitude de Lin pour cette mission. Il a cherché à nous éblouir en cela par sa fausseté, de manière à nous empêcher de savoir ce qui se passait au dehors : et voilà vraiment en quoi consiste sa culpabilité.

« Quant à Ki-in, ses penchants antipatriotiques, sa couardise, son incapacité, sont au-dessus de toute expression. Pendant qu'il était à Canton, il ne fit autre chose qu'opprimer le peuple afin de plaire aux barbares, au grand préjudice de l'État. Ceci n'a-t-il pas été clairement démontré dans la discussion relative à l'entrée des Européens dans la ville officielle ?

« D'un côté, il a faussé les principes sacrés de la justice, tandis que, d'un autre côté, il a outragé les sentiments naturels de la nation, donnant ainsi lieu à des hostilités auxquelles on n'avait aucun motif de s'attendre.

« Fort heureusement notre prédécesseur, pleinement informé de la duplicité de cet homme, le rappela en toute hâte à la capitale; et, quoiqu'il ne l'ait pas immédiatement destitué, il n'eût certainement pas manqué de le faire en temps utile.

« Souvent, cette année, lorsqu'il était appelé devant nous, Ki-in a parlé des barbares Anglais, faisant valoir combien ils sont à craindre et combien ce serait urgent de s'entendre avec eux s'il survenait quelque différend. Il croyait que nous ne connaissions pas sa trahison, et qu'il nous tromperait ainsi facilement; mais plus il déclamait, plus sa dépravation devenait évidente à nos yeux, et ses discours ne furent plus à nos oreilles que comme les aboiements d'un chien enragé ; il cessa même d'être un objet de commisération.

« Les manœuvres de Mou-tchang-ha étaient déguisées et difficiles à découvrir : celles de Ki-in étaient palpables et visibles pour tout le monde; mais, eu égard aux dommages qui devaient en résulter pour l'empire, le crime de ces deux personnages a une égale gravité. Si nous ne sévissions pas contre eux avec toute la rigueur des lois, comment témoignerions-nous de notre respect pour les institutions de l'empire? comment notre exemple fortifierait-il le peuple dans les sentiments de la rectitude?

« Considérant néanmoins que Mou-tchang-ha est un ancien ministre qui a tenu les rênes de l'empire sous trois règnes consécutifs, notre cœur ne peut pas se décider à lui infliger tout d'un coup le châtiment sévère qu'il mérite. Nous voulons donc qu'il soit traité avec douceur ; qu'il soit simplement destitué de son rang, et que jamais plus il ne soit appelé à aucun emploi.

« L'incapacité de Ki-in a été excessive ; cependant, eu égard aux difficultés de sa position, nous voulons aussi qu'il soit traité avec indulgence, qu'il soit dégradé jusqu'au cinquième rang, et qu'il attende comme aspirant à un emploi dans un des six ministères.

« La conduite égoïste de ces deux hommes et leur infidélité envers le souverain sont choses connues de tout l'empire. Cependant nous les avons traités avec mansuétude, ne les condamnant pas à une peine extrême. En examinant leur cause, nous y avons apporté toute la maturité possible, nous y avons réfléchi longtemps, et, comme tous nos ministres le savent, nous n'avons pris qu'avec peine une décision devenue indispensable.

« Que désormais tous les officiers civils et militaires de la capitale et des provinces montrent, par leur conduite, qu'ils sont dirigés par les principes d'une saine morale, et servent loyalement l'empire sans craindre les difficultés ni chercher un paresseux repos. Si quelqu'un possède des moyens propres à développer l'action bienfaisante du gouvernement ou le bien-être du peuple, qu'il les fasse librement connaître ; personne ne doit se laisser guider par son attachement pour son maître politique, ni par ses sympathies pour ses protecteurs.

« Tel est le but de nos plus ardents désirs. Que notre décision soit publiée dans la capitale et partout au dehors, afin que tout l'empire en ait connaissance.

« Respectez ceci. Daté du 18° jour de la 10° lune de la 30° année de Tao-kouang (21 novembre 1850). »

Cette pièce porte la date du règne de Tao-kouang, quoiqu'elle ait été promulguée par son successeur. Voici l'explication de cette confusion apparente : l'année de la mort d'un empereur est toujours comptée par les chronologistes chinois comme appartenant tout entière à son règne.

Il faut se souvenir que Ki-in, si cruellement rabaissé, avait possédé toute la confiance de l'empereur Tao-kouang, dont il était le proche parent; qu'il s'était vu au faîte des grandeurs, et qu'il avait reçu de son souverain la plus haute marque d'estime quand il avait été désigné par lui pour présider aux funérailles de l'impératrice douairière.

Les successeurs de Mou-tchang-ha et de Ki-in furent choisis parmi les ennemis les plus acharnés des Européens, et ils s'appliquèrent surtout à détruire l'effet que le contact des barbares avait pu produire sur quelques individus de leur nation. Cet abandon de la politique paternelle ne porta pas bonheur au nouveau monarque. Peu après la victoire du parti réactionnaire, on eut la première nouvelle de la révolte du Kouang-Si.

Des symptômes précurseurs avaient en quelque sorte annoncé cette insurrection ; le merveilleux précéda la réalité, et lui prêta d'avance son prestige en donnant à la rébellion du Kouang-Si le caractère d'un événement prédit par les prophètes et attendu par les croyants. Le bruit courut parmi le peuple que des prophéties avaient fixé à la quarante-huitième année de ce cycle, laquelle commença en 1851, l'époque du rétablissement de la dynastie des Ming. On ajoutait qu'un sage, qui vivait sous le dernier empereur de cette race, avait sauvé son étendard, et qu'il avait prophétisé que celui qui le déploierait au milieu de son armée monterait sur le trône. Au début de l'insurrection, on affirma que les rebelles marchaient sous ce drapeau miraculeux, et ce fait ne fut point mis en doute parmi le peuple. Nous avons sous les yeux plusieurs de ces décrets sibyllins, dont les phrases obscures semblent calquées sur les versets de Nostradamus et de saint Césaire. Le vulgaire ne croit pas à l'extinction des vieilles races royales ; il n'est jamais certain que leur dernier représentant soit couché dans sa tombe : le peuple portugais attend encore le retour du roi don Sébastien, tué à la bataille d'Alcazar-Quivir, il y a près de trois siècles.

Bientôt l'inquiétude s'empara de tous les esprits. On parla de mandarins infidèles ou séduits; on exagéra le nombre et l'importance des affiliations occultes, et il se forma sur divers points des réunions où l'on discutait publiquement la légitimité de la dynastie tartare, et la nécessité de la remplacer par une dynastie nationale. Le mouvement fut si manifeste, qu'un journal anglais publia, au mois d'août 1850, l'article suivant :

« 24 août. — Sous l'influence puissante des lettrés, et par suite d'un malaise général en Chine, le cri de réforme éclate de toutes parts. Les principes nouveaux font des progrès immenses, et le jour approche rapidement ou l'empire sera déchiré en lambeaux par la guerre civile. Dans les haute et moyenne classes, à Pékin, on croit fermement à la prophétie répandue en Chine, depuis un siècle, que la dynastie actuelle sera renversée au commencement de la quarante-huitième année de ce cycle; et cette année fatale commencera le 1er février prochain.

« Cet événement n'est point improbable, si on examine avec attention les mouvements révolutionnaires qui se manifestent simultanément sur les points les plus éloignés de ce vaste empire. Déjà l'œuvre de la révolution a débuté dans la province du Kouang-Si, à proximité de la première ville commerçante de Chine ; et on croit généralement, parmi les lettrés de Canton, que ce n'est là qu'un ballon d'essai, une tentative insidieuse ayant pour but de sonder l'opinion des masses, et de pousser le gouvernement tartare à mettre en évidence les moyens dont il peut disposer pour se maintenir.

« Jusqu'à présent, les rebelles ont triomphé de toutes les résistances, et leur chef, portant le titre de généralissime, déclare hautement que le mouvement révolutionnaire a pour objet de détrôner la dynastie régnante, et d'en fonder une autre d'origine chinoise. C'est en vain que les autorités ont mis tout le contingent de leurs districts sous les armes; le torrent a tout emporté devant lui, et plusieurs mandarins ont été victimes de leur dévouement. Cependant les succès des rebelles ne font pas honneur à leur cause; leur passage est marqué par le pillage, le meurtre, l'incendie, et tous les actes de brigandage qu'on se permet à peine dans les villes emportées d'assaut, quoique les populations ainsi accablées n'y aient donné aucun motif, puisqu'elles sont les premières à souffrir de la tyrannie impériale. Les lettrés et les riches du parti n'approuvent point ces excès déplorables, mais ils n'ont pas le pouvoir de les empêcher.

« Outre les sociétés secrètes, plus nombreuses maintenant que sous le défunt empereur, des clubs se forment partout, en dépit des lois qui défendent les réunions. Là, on fait prêter serment à chaque membre de travailler de tout son pouvoir au renversement de la dynastie des Tsing, et de poursuivre cette noble entreprise jusqu'à parfait accomplissement.

« Pendant que ce travail de régénération s'effectue, l'enfant qui porte le sceptre impérial flétrit les ministres dévoués qui, voyant l'approche de la tempête, osent porter aux pieds du trône les conseils de l'expérience et de la sagesse. Au cri de Réforme que pousse la nation, le monarque aveugle répond par celui de Résistance; au mouvement naturel des esprits qui fait avancer la Chine dans la voie du progrès, il oppose un mouvement factice pour la faire reculer dans les ornières impraticables du passé. Faudra-t-il s'étonner si, dans un conflit aussi inégal, la dynastie tartare succombe? Elle ne pourra imputer sa chute à d'autres qu'à elle-même. »

On verra plus tard avec quelle habileté les insurgés ont exploité la crédulité populaire, avel quel art ils ont fait mouvoir dans l'ombre un personnage qui ne parle point, qui ne se montre jamais, mais au nom duquel marche une armée de cent mille hommes. Et, chose étrange, les deux principaux compétiteurs, dans cette immense lutte, sont deux jeunes hommes sortis à peine de l'adolescence. L'empereur Hièn-foung n'a que vingt-deux ans. Il est d'une taille moyenne; sa membrure témoigne d'une grande aptitude aux exercices corporels. Il est mince et bien musclé. Sa physionomie, qui annonce une certaine résolution, est surtout caractérisée par un front très-élevé et par l'obliquité presque défectueuse de ses yeux. Il a les pommettes très-saillantes et fortement arquées. L'espace entre les deux orbites est large et plat, comme le front d'un buffle. Hièn-foung est d'un caractère entier et crédule. Au milieu du luxe et de la mollesse, il affecte des mœurs sévères, et, malgré son jeune âge, il est marié déjà. L'impératrice est une princesse tartare, au grand pied, qui n'a rien de la mignardise et des grâces débiles des dames chinoises au petit pied. L'empereur aime à la voir se livrer, auprès de lui, aux exercices violents qui plaisent aux femmes de sa nation, et elle caracole souvent avec lui dans les immenses jardins du palais.

Le chef de l'insurrection, Tièn-tè, n'a pas plus de vingt-trois ans; mais l'étude et les veilles l'ont prématurément vieilli. Il est grave et triste; il vit fort retiré, ne communiquant avec ceux qui l'entourent que pour donner ses ordres. Sa physionomie exprime la douceur, mais cette douceur propre à certains ascétiques, qui n'exclut ni la fermeté, ni une espèce d'obstination propre aux natures croyantes. Son teint est celui des Chinois des provinces méridionales; il est en quelque sorte safrané. Sa taille est plus haute que celle de Hièn-foung; mais il paraît moins robuste. L'un et l'autre ont subi l'influence de leur éducation, et le moral se reflète dans le physique. Le jeune empereur, svelte, hardi, le regard assuré, commande avec hauteur et veut qu'on lui obéisse aveuglément. Tièn-tè, au contraire, a un regard

impassible, qui semble soulever un à un les replis de l'âme humaine et plonger dans ses profondeurs. Il commande plus par suggestion qu'en dictant directement ses ordres. En un mot, il a la réserve silencieuse de l'homme qui a beaucoup réfléchi avant de s'ouvrir à quelqu'un sur ses projets. Quant à son attitude, voici en quels termes un Chinois raconte l'entrée du prétendant dans une des nombreuses villes dont ses troupes se sont emparées : « Le cor-
« tége du nouvel empereur me rappela les scènes
« que l'on représente sur nos théâtres et les pièces
« où l'on voit les héros des temps anciens, ceux qui
« vivaient avant que nous eussions subi le joug des
« Tartares ; les personnages qui environnaient Tièn-
« tè avaient coupé leur queue, laissé croître leur
« chevelure, et, au lieu du *chang* boutonné sur le
« côté, ils portaient des tuniques ouvertes sur le
« devant. Aucun des officiers n'avait au pouce de la
« main droite le *pan-tche*, cette bague du tireur
« d'arc, que nos mandarins portent avec tant d'os-
« tentation. L'empereur était dans un magnifique
« palanquin, entouré de rideaux de satin jaune et
« porté par seize officiers. Après le palanquin de
« Tièn-tè venait celui de son précepteur, placé sur
« les épaules de huit coulis ; puis venaient ses trente
« femmes dans des chaises peintes et dorées. Une
« multitude de serviteurs et de soldats suivaient en
« bel ordre. »

Telle est l'attitude et la manière d'être des deux

jeunes hommes qui se disputent aujourd'hui le trône de Chine. Si nous poursuivons ce parallèle, nous voyons que l'un manque de qualités indispensables dans sa position, tandis que l'autre possède toutes celles qui conviennent à un prétendant. Hièn-foung, investi de la suprême autorité, appelé à diriger une machine gouvernementale dont les ressorts sont fatigués, mais non usés, ne sait pas restaurer des rouages altérés par le temps. Son défaut capital est de manquer de ce sens exquis, de ce tact qui fait qu'un prince donne avec mesure à chacun ce qui lui revient de blâme ou d'éloge. Il n'est pas doué d'un très-heureux jugement, et, au milieu de cette multitude de valets, d'eunuques, de concubines et de serviteurs dévoués qui l'entoure, il ne sait pas distinguer les conseillers fidèles dont l'existence est liée au sort de sa dynastie, des aventuriers que l'on trouve aux abords de tous les palais, et qui, ayant leur fortune à faire, ne donnent jamais que des avis intéressés. Violent et faible tout à la fois, le jeune empereur se livre sans réserve à ses favoris du moment et croit aveuglément les fonctionnaires en faveur. Les manifestations de son autorité sont toujours l'exagération d'une insinuation perfide ou honnête, et même, dans ce dernier cas, sa détermination la plus utile devient une faute politique lorsqu'elle a été élaborée par ce cerveau disposé à la violence et aux déterminations brutales.

Tièn-tè, au contraire, a organisé son système politique en juxtaposant les intérêts pour s'assurer des agents dévoués. Affable pour tous, il n'a qu'un seul conseiller intime. Est-ce son père, son maître, ou seulement son ami? Nul ne le sait; mais ce conseiller mystérieux l'accompagne partout. La violence est étrangère au caractère du prétendant : il parle de tout avec modération, et c'est avec la plus grande réserve qu'il s'exprime sur le compte de celui en face duquel il se pose comme un rival. Entouré d'officiers solidaires de sa fortune, il est mieux servi que l'empereur lui-même, et il a su discipliner immédiatement l'état-major de son gouvernement. Pendant que ses généraux vont en avant, conquérant des villes et gagnant du terrain, il se tient à l'écart, surveillant l'attitude des populations et organisant son système politique. Mais il est toujours à une distance telle du théâtre de la guerre, que ses ennemis ne peuvent soupçonner son courage, et que ses amis n'ont pas le droit de blâmer sa témérité.

CHAPITRE IV.

LE KOUANG-SI. — LES MIAO-TZE. — LES INSURGÉS PENDANT L'ANNÉE 1850.

C'est dans le Kouang-Si que l'insurrection a pris

naissance. Cette province, plus vaste que les États de plus d'un souverain de notre vieille Europe, est administrée par un gouverneur général et fait partie de la vice-royauté des deux Kouang. Elle est située au sud-ouest de l'empire, et confine à l'ouest avec le Kouang-Toung, à l'est avec le Yun-Nan, au sud avec le Tonkin, et au nord avec le Hou-Nan. C'est un pays de montagnes, hérissé de crêtes décharnées, privées à leur sommet et dans leurs parties déclives de toute espèce de végétation. Les nombreuses collines aux formes arrondies qui s'élèvent au-dessus de ces pics gigantesques, sont couvertes d'arbrisseaux et de plantes ligneuses. Ces montagnes du Kouang-Si sont une des curiosités du Céleste empire, et tous les guides des voyageurs en Chine font de singulières descriptions de ces accidents de terrain que, depuis les pères jésuites, aucun étranger n'a pu explorer librement.

Selon les voyageurs indigènes, ces masses affectent la forme de divers animaux, et représentent, à ne pouvoir s'y méprendre, un coq, un éléphant, et on trouve des rochers dans lesquels sont incrustés des animaux fantastiques pétrifiés dans les attitudes les plus singulières. Nous avons examiné avec soin les dessins représentant ces figures, qui rappellent les espèces ressuscitées par Cuvier, et nous nous sommes convaincus que c'étaient simplement des taches rouges, produites par un oxyde de fer, et tranchant nettement sur le fond noir de la pierre.

L'aspect général du Kouang-Si est singulièrement pittoresque, et cette vaste contrée offre des points de vue que les artistes chinois ont reproduits souvent. Mais ces recueils de paysages ont pour nos yeux européens un caractère étrange. Ces montagnes inaccessibles, qui semblent taillées selon les caprices de l'imagination humaine, ces roches représentant des animaux géants, ces rivières qui se précipitent dans des gouffres par-dessus lesquels sont jetés des ponts impossibles, nous paraissent appartenir au pays des fées.

Toutefois ce pays charmant est extrêmement pauvre; ses beautés pittoresques nuisent à sa fécondité. Si le Créateur eût étendu quelques vastes plaines au pied de ces monts aux crêtes décharnées, on aurait pu utiliser les nombreux cours d'eau qui se précipitent des hauteurs; mais le sol tourmenté ne se prête qu'à certaines cultures et ne produit que quelques denrées de luxe. Ce sont les plaines unies du Kouang-Toung qui utilisent en partie ces eaux bienfaisantes. Lorsqu'on étudie la carte du Kouang-Si, en rattachant cette étude à la guerre actuelle, on est forcé de convenir que le chef de l'insurrection a fait preuve d'une grande intelligence en choisissant pour point de départ ce pays montagneux et peu fertile. La misère même des habitants était un puissant auxiliaire, et une armée d'aventuriers pouvait se recruter facilement parmi ces populations, qui vivent dans une sorte d'indigence. D'ailleurs les accidents de terrain dont le pays est coupé en favorisent la défense. Il faudrait au Fils du ciel une armée vingt fois plus nombreuse et des moyens d'attaque cent fois plus efficaces que ceux dont il dispose pour débusquer les rebelles de ces retranchements naturels.

En cas de défaite, les insurgés du Kouang-Si pourraient renouveler l'histoire de cette lutte désespérée que les guérillas de l'héroïque Espagne soutinrent jadis contre les troupes françaises. Il y a, du reste, plus d'un trait de ressemblance entre les habitants de la péninsule ibérique et ceux de cette province méridionale de l'empire chinois : les uns et les autres sont sobres, intrépides, durs à la fatigue et animés du même esprit d'indépendance. Après des siècles d'occupation, les Tartares n'avaient pas soumis encore les districts les plus reculés de ces montagnes.

Une circonstance qui tient à la nature du sol et aux habitudes agricoles prêtait également aux projets du prétendant. Les produits du Kouang-Si consistent surtout en cannelle blanche et en badiane, et les cultivateurs ne sont absorbés par les soins que ces arbres exigent que durant une partie de l'année. C'est sur le versant des coteaux que croissent ces deux magnifiques espèces végétales aux feuilles persistantes. La capitale de la province est en quelque sorte cachée à l'ombre de ces beaux arbres ; de là son nom de Kouéi-Lin, c'est-à-dire forêt de cannelliers. Le *Laurus cinnamomum* et l'*Ilicium anisatum* forment la principale richesse du Kouang-Si. Le commerce tire de cette province, non-seulement l'écorce de cannelle blanche et les étoiles brunes de l'anis, mais encore les huiles essentielles, obtenues par distillation, de l'écorce du laurier-cannelle et des siliques de l'*Ilicium*. L'huile d'anis vert se présente à l'état concret ; un employé des douanes, conondant les deux espces, a prétendu, dans un document officiel sur le commerce en Chine, que l'on retirait du Kouang-Si le *sucre* de badiane !

Il suffit de jeter les yeux sur les dessins des artistes chinois pour deviner que cette terre du Kouang-Si abonde en gisements métallurgiques. Ce fait naturel a été l'occasion d'une espèce de miracle qui a vivement frappé l'imagination du vulgaire. Voici ce qu'on raconte :

Au début de l'insurrection, les chefs voulurent marquer la date de leur entreprise par l'érection d'un monument religieux. Les ouvriers se mirent à l'œuvre ; ils creusèrent dans des rochers en décomposition qui se laissèrent facilement entamer par la pioche, et à peine eurent-ils atteint la profondeur de quelques pieds, qu'ils rencontrèrent des galets en tout semblables aux cailloux roulés de nos rivières. Ces galets, examinés avec soin, furent trouvés très-lourds. En effet, c'étaient des espèces de pépites métalliques de plomb argentifère d'une richesse inouïe. Ce fut, dit-on, au moyen de cette banque providentielle que le prétendant paya ses premiers soldats.

Quoi qu'il en soit de l'authenticité de cette histoire, elle mérite d'être recueillie par les légendaires, dont les écrits amuseront un jour les loisirs des mandarins. En terminant cette anecdote merveilleuse, nous ne pouvons nous empêcher de remarquer qu'aujourd'hui d'étranges coïncidences semblent mettre l'observation et la science au service des esprits portés à la croyance des phénomènes surnaturels. Comme pour confirmer le miracle métallurgique arrivé en Chine, on a découvert récemment en Norwége des gisements argentifères parfaitement semblables à celui du Kouang-Si.

Ce fut au mois d'août 1850 que les journaux de Pékin parlèrent pour la première fois de l'insurrection chinoise. Selon la gazette officielle, cette troupe ne se composait que de pirates échappés à la mitraille des Anglais sur les côtes du Fo-Kièn, lesquels s'étaient réfugiés dans ces montagnes. Il faut avouer que des voleurs auraient singulièrement choisi leur terrain en venant s'établir dans une des contrées les plus pauvres de l'empire, loin des villes populeuses et de toutes les grandes voies de communication. Mais il faut convenir aussi que ce qui était un théâtre détestable pour les exploits des héros de grand chemin était un admirable centre d'action pour organiser une armée de partisans.

Les insurgés ne s'empressèrent pas d'abord de

démentir ces bruits ; ils les laissèrent même s'accréditer, et s'établirent dans le sud-ouest de la province, au milieu d'une population disséminée dans les montagnes, continuant à recruter leur armée, et attendant patiemment que l'on envoyât contre eux les *tigres* du Céleste empire. Nous devons remarquer ici que les parties les plus reculées du Kouang-Si sont peuplées par une race d'hommes connus sous le nom de Miao-tze. Il nous serait difficile de donner au lecteur une idée de ces tribus insoumises, si nous ne trouvions dans le journal de l'un d'entre nous les détails d'une conversation sur ce sujet.

Cette conversation eut lieu, pendant notre séjour en Chine, chez Houang-ngan-toung, commissaire impérial adjoint, lequel nous avait invité à dîner en compagnie de MM. de Ferrière et d'Harcourt. Le jeune et élégant ministre du Céleste empire occupait à Canton la pagode de Foung-lièn-miao *du pic des nénuphars*, et c'était dans le chœur même du temple bouddhique qu'il nous reçut et que le dîner fut servi.

Durant le repas, la conversation tomba sur les Miao-tze, et voici les détails que nous donna ce personnage officiel :

« Les Miao-tze sont les aborigènes d'une chaîne de montagnes qui prend son point de départ dans le nord du Kouang-Toung et s'étend dans les provinces centrales de l'empire. Ils recherchent surtout les localités éloignées de tout voisinage. Les peuplades les plus nombreuses ne dépassent pas deux mille individus. Les maisons sont établies sur des pieux, à la manière de celles des Malais, et ils abritent sous leur toit les animaux domestiques qu'ils élèvent. En général, les Miao-tze sont cultivateurs et guerriers. C'est une race intrépide, endurcie à la fatigue, qu'aucun danger n'arrête. Les Tartares n'ont jamais pu la soumettre. Les individus de cette nation ont conservé l'ancien vêtement national : ils n'ont jamais rasé leur tête ; ils ont toujours repoussé l'autorité des mandarins et les coutumes chinoises. Leur indépendance est aujourd'hui un fait acquis, et sur nos cartes leur pays est laissé en blanc, comme pour exprimer qu'il n'obéit pas à l'empereur.

« La dernière tentative que l'on fit pour les soumettre eut lieu sous le règne de Kièn-loung ; mais, malgré les bulletins que l'on publia pour relater les nombreuses victoires remportées par les troupes impériales, il fallut renoncer à soumettre les hommes des montagnes. Depuis lors la paix n'avait pas été troublée ; mais en 1832 l'esprit guerrier se réveilla en eux.

« Ils décorèrent un des leurs du titre d'empereur, le revêtirent d'une robe jaune, symbole de la suprême autorité, et firent irruption dans les bas pays, qu'ils saccagèrent entièrement. Leur invasion nous causa de grands soucis ; nos troupes furent battues par ces bandes sauvages. Les Miao-tze étaient trop aguerris pour être vaincus par les armes ; mais on en vint à bout par voie de négociation. L'empereur envoya des diplomates habiles, qui traitèrent avec les chefs et leur persuadèrent, moyennant certains avantages, de licencier leurs hommes et de rentrer paisiblement chez eux.

« — Ces populations ne descendent-elles jamais dans les plaines? demanda l'un d'entre nous ; n'ont-elles pas fini par établir quelques relations avec les Chinois?

« — Les Miao-tze ne se hasardent guère à venir dans les villes, répondit Houang; ils ne font pas grand commerce non plus avec nous. Leur industrie est très-bornée ; ils cultivent le riz des montagnes et exploitent les forêts que leur indépendance protége contre les défrichements des travailleurs chinois. Ils vendent à des négociants qui vont les trouver dans leurs villages les bois abattus, que l'on amène dans le bas pays, en le faisant flotter sur les nombreux cours d'eau qui coulent vers la mer. Leurs rapports avec les voisins se bornent à l'échange d'une partie de leur récolte contre les objets manufacturés dont ils ont besoin. Du reste, cette nation inspire aux Chinois des villes une terreur très-grande.

« Les Chinois appellent les Miao-tze hommes-chiens, hommes-loups. Ils croient qu'ils ont une queue, et ils racontent que, lorsqu'un enfant est né, on lui cautérise la plante des pieds pour la durcir et les rendre infatigables. Ce sont des contes faits à plaisir : en réalité les Miao-tze sont une race très-belle et très-intelligente, et leurs mœurs tendent, je crois, à s'adoucir. J'ai par devers moi un fait qui prouve qu'ils ne sont point absolument grossiers et sans instruction aucune : dans les derniers examens littéraires que j'ai présidés, il s'est présenté trois jeunes Miao-tze pour prendre leurs grades, ce qui ne s'était jamais vu. »

Cette conversation jette un très-grand jour sur les menées politiques et la perspicacité des chefs de l'insurrection du Kouang-Si. En venant se concentrer sur ce point, ils songèrent, sans doute, à se ménager le concours de ces populations intrépides, se gardant toutefois de proclamer cette alliance, dans la crainte d'effrayer les habitants des villes, qui s'obstinent à considérer les Miao-tze comme des barbares.

D'après les documents que nous avons sous les yeux, on voit que les insurgés passèrent les premiers mois de l'année 1850 dans le sud-ouest du Kouang-Si, exécutant des mouvements stratégiques insignifiants, et se rapprochant des frontières du Kouang-Toung. Les premières villes qui tombèrent en leur pouvoir furent la ville de Ho, l'une des plus commerçantes de la province, et le chef-lieu du district de Kiang-Men, où trois mandarins de haut grade périrent en les combattant. Cependant ces manœuvres inspirèrent de grandes inquiétudes au gouverneur général des deux Kouang. Le titulaire de cette vice-royauté, appelé Siu, était un homme irrésolu et prudent jusqu'à la pusillanimité. En apprenant que les rebelles venaient de son côté, il s'empressa de solliciter l'honneur d'aller s'incliner devant le tombeau de l'empereur défunt, espérant échapper ainsi à la responsabilité qui pesait sur lui. Mais cette permission lui fut refusée. Alors le vice-roi, craignant qu'on ne l'accusât d'avoir laissé s'aggraver le mal, envoya des troupes pour réduire les rebelles; mais les soldats de l'empereur furent vaincus et exterminés.

La tactique des insurgés consistait à simuler une fuite, et à entraîner leurs ennemis dans des embuscades où ils étaient impitoyablement massacrés. La même feinte leur réussit plusieurs fois de suite. Siu, en apprenant ces désastres, partit sans délai pour Pékin, où il alla porter l'alarme. Pendant qu'il marchait vers la capitale, les insurgés obtinrent de nouveaux succès, et les journaux chinois donnèrent le bulletin journalier des avantages remportés par ces guérillas. Deux chefs des rebelles, Tchang-kia-soung et Tchang-kia-fou, firent merveille en deux rencontres différentes, et les soldats du Fils du ciel restèrent presque tous sur le champ de bataille.

Jusque-là, il n'est pas question d'un prétendant au trône. Ce sont tout simplement des généraux improvisés qui ne dissimulent pas leurs intentions de renverser la dynastie régnante, mais qui ne nomment point le souverain qu'ils veulent introniser.

Cependant, enhardis par le succès, les insurgés franchirent les limites du Kouang-Si et pénétrèrent dans le Kouang-Toung. Entre Tsing-Yuen et Ing-Tè, ils rencontrèrent un détachement des troupes impériales. Alors, selon leur tactique ordinaire, ils exécutèrent un mouvement de retraite, et, se retournant presque aussitôt contre les impériaux qui s'étaient mis triomphants à leur poursuite, ils les massacrèrent jusqu'au dernier.

En ce moment, deux actes politiques d'une grande portée s'accomplissaient presque simultanément à la cour de Pékin et dans le camp des insurgés. Le jeune empereur, fidèle à la politique rétrograde, mande le vieux Lin, qui vivait retiré dans une ravissante habitation des environs de Fou-Tcheou, et lui ordonne d'aller réduire les rebelles du Kouang-Si. Nos lecteurs reconnaissent sans doute ce mandarin austère, ce barbare intègre qui fit détruire pour cinquante millions d'opium et fut cause de la guerre entre la Chine et l'Angleterre. Malgré son grand âge, le vieux serviteur obéit aux ordres de son jeune maître, et partit incontinent pour la province qu'il était chargé de réduire.

Les insurgés répondirent à l'envoi du commissaire par la proclamation suivante, dans laquelle les Chinois paraissent beaucoup moins Chinois qu'on ne le suppose généralement, et qui renferme toute la logique que Dieu a mise à la disposition des intelligences révolutionnaires.

« Les Mantchoux, qui depuis deux siècles occupent héréditairement le trône de Chine, sont originaires d'une petite peuplade étrangère : à l'aide d'une armée aguerrie, ils se sont emparés de nos trésors, de nos terres et du gouvernement de notre pays ; ce qui prouve que, pour usurper l'empire, il s'agit seulement d'être le plus fort. Il n'y a donc pas de différence entre nous qui mettons à contribution les villages dont nous nous emparons et les fonctionnaires envoyés de Pékin qui prélèvent l'impôt. Ce qui est bon à prendre est bon à garder. Pourquoi donc envoie-t-on, sans aucun motif, des troupes contre nous ? Cela nous paraît fort injuste. Comment ! les Mantchoux, qui sont étrangers, ont le droit de prélever les revenus des dix-huit provinces et de nommer des officiers qui oppriment le peuple, et à nous, Chinois, il nous serait interdit de prélever quelque argent sur la fortune publique ! La souveraineté universelle n'appartient à aucun individu à l'exclusion de tous les autres, et l'on n'a jamais vu une dynastie compter une lignée de cent générations d'empereurs. Le droit de gouverner, c'est la possession... »

Cette proclamation est le premier acte politique des rebelles. Jusque-là, l'idée au nom de laquelle ils combattaient ne s'était propagée que par les sourdes rumeurs qui, lorsque l'heure d'une révolution va sonner, circulent parmi les masses comme si elles avaient le pressentiment du fait prêt à s'accomplir.

Dès le début de l'insurrection, la presse anglochinoise se divise en deux camps : les uns considérant tout simplement les insurgés comme des pillards prêts à déposer les armes dès qu'ils auront rempli leurs poches ou simplement leurs mains ; les autres, au contraire, feignant de considérer l'armée des rebelles comme une troupe fanatisée par des chefs habiles et décidée à verser tout son sang pour renverser la dynastie régnante. La vérité n'était dans aucune de ces opinions exclusives.

En Chine, pas plus qu'en Europe, les révolutionnaires ne peuvent vivre d'eau claire et de maximes patriotiques, et, d'un autre côté, il faut le dire à l'honneur de l'humanité, les causes les plus détestables ont besoin, pour remuer les masses, de faire appel aux sentiments élevés, aux idées généreuses, dont chaque individu de ces obscures phalanges est en particulier médiocrement touché. La proclamation des insurgés du Kouang-Si donna à l'insurrection sa signification véritable. En proclamant hautement que pour eux la légitimité était dans la possession, ils avouaient qu'il ne s'agissait pas seulement de chasser les Mantchoux, mais surtout de faire passer entre les mains des Chinois le maniement des revenus publics. Or, cette dernière considération n'est pas un argument sans valeur aux yeux des politiques du Céleste empire.

Ceci fut le dernier acte des insurgés en 1850 ; il coïncida avec la mort de Lin, qui arriva au mois de novembre. Le vieux mandarin mourut en se

5.

rendant à son poste, à Tchao-Tcheou-Fou, province du Kouang-Toung. Il avait plus de soixante-neuf ans, et succomba sous le poids des fatigues et des soucis du commandement. Cette mort préoccupa tristement les esprits et parut d'un funeste augure pour la cause que le courageux vieillard a soutenue jusqu'à sa dernière heure.

CHAPITRE V.

PROTESTATIONS. — RÉUNIONS OCCULTES. — PROCLAMATION DU PRÉTENDANT.

L'année chinoise commence au mois de février; cette époque est dans tout l'empire un moment de crise commerciale et financière, un temps d'échéance générale pendant lequel chacun liquide complétement ses affaires : on paye ses créanciers, on talonne ses débiteurs; il n'est si petit négociant qui n'encaisse son avoir et ne sache à quoi s'en tenir sur les résultats financiers de la période annuelle qui vient de finir. Or, dès le mois de janvier, le bruit se répandit à Canton que l'insurrection du Kouang-Si était comprimée, et que les *tigres* du Céleste empire venaient d'ajouter de nouveaux lauriers à ceux déjà conquis au *noble champ de la victoire*, comme disait la romance. Sous l'influence de ces nouvelles, les liquidations se firent aisément, les transactions reprirent leur cours normal, et le commerce rassuré se livra à de grandes spéculations. Mais cette sécurité ne fut pas de longue durée : on apprit bientôt que ces bruits de pacification, quoique émanant d'une source officielle, étaient entièrement controuvés : c'étaient les rusés mandarins du Kouang-Toung qui, dans un intérêt commercial, avaient fabriqué les bulletins de la grande armée chinoise. Lorsque la vérité se fit jour enfin, on eut la certitude que l'insurrection, loin d'être vaincue, avait fait des progrès menaçants. Un seul des journaux anglo-chinois avait affecté jusqu'alors d'accorder une médiocre importance aux troubles du Kouang-Si. Mais, en présence des faits récents, il s'écria avec un élan dithyrambique : « Il se peut que cette révolte soit le commencement d'une révolution qui renversera les Mantchoux ; mais nous disons avec Mazarin : Attendons ! » C'était faire venir Mazarin d'un peu loin pour se dispenser d'avouer qu'on avait complétement méconnu le caractère et l'importance des événements.

En même temps que la presse européenne, placée en quelque sorte sur le théâtre de l'insurrection, en arrivait à considérer comme possible le renversement de la dynastie tartare, les insurgés faisaient une manifestation qui équivalait à une déclaration de guerre à mort. On sait que la coutume de se raser la tête en laissant croître seulement sur le sinciput un prolongement caudal est une mode tartare, que les vainqueurs imposèrent aux vaincus. Ce fut ainsi qu'ils marquèrent leurs nouveaux sujets. Les insurgés, afin de manifester qu'ils avaient secoué le joug étranger, coupèrent leur queue, laissèrent croître leur chevelure, et décidèrent que tous les adhérents au mouvement insurrectionnel quitteraient le *chang* et la tunique tartare pour prendre la robe ouverte sur le devant que leurs aïeux portaient du temps des Ming. Les plus simples événements ont parfois des conséquences incalculables : quel malheur si les faiseurs de ballets étaient forcés de supprimer cette queue joviale qui fait si bien lorsqu'on met des Chinois en scène ! La chose est grave du reste : ce simple fait de donner un coup de ciseaux dans sa chevelure constitue, en Chine, un acte de haute trahison ; il faut avoir un grand courage pour se faire tondre ; car couper sa queue, c'est comme si on tirait l'épée en jetant le fourreau. Cet acte de vigueur émut fort la cour de Pékin. Il fallait à tout prix rassurer les populations et ranimer le courage des troupes ; pour atteindre ce but, on imagina une ruse hardie : on supposa que les rebelles avaient fait leur soumission entre les mains des commissaires impériaux, et un jour, la *Gazette impériale* publia la pièce suivante, qui montre évidemment que, pour être officiel, le *Moniteur du Céleste empire* n'en est pas plus véridique :

« Nous, plébéiens, sommes nés dans des temps d'abondance, et avons été autrefois des sujets fidèles ; nos familles sont estimées dans nos villages, nous avons pratiqué la vertu et respecté la propriété. Mais, par suite d'une longue série de saisons pluvieuses, les fermiers ne purent sauver leurs récoltes, et le peuple, n'ayant plus ni travail ni ressources, fut obligé de s'associer aux bandits. Nous étions venus dans le Kouang-Si à la recherche d'un lieu de séjour, lorsque nous rencontrâmes des compatriotes qui, se trouvant comme nous dans la misère, formèrent avec nous une bande de voleurs. Si cependant nous avons suivi l'exemple du trop fameux *Lou-moung*, ne pourrons-nous pas, comme lui, réformer notre conduite? Lorsque nous pensons à notre foyer et à nos parents, le désir de les revoir nous presse ; mais, poussés au large d'une mer orageuse par un vent irrésistible, comment gagner le rivage désiré? Toutefois, nous avons confiance que vos seigneuries auront pitié de nous, et qu'elles obtiendront de Sa Majesté Impériale l'oubli de tout le passé. Si l'arbre desséché et inutile reçoit la même rosée que la fleur la plus suave, comment l'homme doué d'une grande bonté ne rendrait-il pas à la vie ceux qui implorent sa commisération ! Nous sommes dans le cœur des sujets fidèles, et nous rentrerons avec bonheur dans le chemin du devoir. Désormais nous servirons jusqu'à la fin de nos jours dans les conditions les plus humbles qu'il vous plaira, nous soumettant volontiers aux lanières et au bambou si nous commettons quelque faute. Voilà nos plus sincères désirs que nous vous faisons connaître, la face prosternée contre terre. Si cette démarche vous offense, nous attendrons en tremblant votre sentence. »

Cependant, malgré cet acte de contrition, le gouvernement de Pékin, qui savait à quoi s'en tenir sur l'authenticité de cette pièce, nomma, peu de temps après la mort de Lin, un nouveau commissaire impérial dans le Kouang-Si. Ce fonctionnaire, nommé Li-sing-iuèn, était précédemment gouverneur des deux Kouang. Il reçut l'ordre de se saisir du gouverneur de la province insurgée et de l'envoyer, enchaîné, à Pékin. Mais Li-sing-iuèn fit un rapport à l'empereur dans lequel il établit que c'était sur Siu, vice-roi des deux Kouang, que devait retomber toute la responsabilité des événements, et il l'accusa nettement d'avoir favorisé le développement de l'insurrection en envoyant trop tard des troupes contre les rebelles.

Dans le même temps que le commissaire impérial formulait cette accusation, Siu écrivait à son jeune maître que la révolte du Kouang-Si avait été déterminée par l'incapacité du vieux gouverneur de la province, lequel, par sa faiblesse, sa sévérité déraisonnable, son inintelligence, sa présomption et son amour de la popularité, avait excité ces désordres. Le jeune empereur, qui, entre ces rapports contradictoires, ne savait trop qui disait la vérité, prit un terme moyen. Il dégrada le gouverneur du Kouang-Si, et fit descendre Siu de quatre degrés de dignités honorifiques. C'est absolument comme si le gouvernement français, mécontent d'un fonctionnaire grand-croix de la Légion d'honneur, le faisait descendre au grade de chevalier. Néanmoins Siu fut maintenu dans les fonctions de gouverneur des deux Kouang. Nous retrouverons encore bien souvent, dans ce récit, cet estimable vice-roi, qui, à l'exemple de beaucoup de mandarins lettrés d'un pays que chacun peut connaître, est doué de toutes les vertus, mais qui ne brille point assurément par le courage civil et bien moins encore par le courage militaire.

Le fait suivant, que l'on racontait à Canton, explique la sympathie des populations pour la cause des insurgés.

En mars 1851, la petite ville de Lo-Ngan fut prise par les insurgés, après une vive résistance. Les vainqueurs frappèrent la cité d'une contribution, de plus ils s'emparèrent du fermier d'un mont-de-piété, et fixèrent sa rançon à mille taels (à peu près 8,000 francs). Le malheureux négociant paya et fut rendu à la liberté. Mais le lendemain les troupes impériales, ayant débusqué les rebelles, rentrèrent dans la ville, et frappèrent les habitants d'une nouvelle contribution : le malheureux fermier du mont-de-piété fut taxé, cette fois, à trois mille taels!

Cet homme, qui était très-influent dans la localité, indigné d'être dépouillé par ceux qui auraient dû le protéger, ameuta le peuple sur les places publiques. Divers orateurs prirent la parole, et la foule, entraînée par leurs discours, jura, par ses ancêtres, que désormais le règne des Tartares était fini. Les habitants quittèrent le *chang*, et immédiatement tous se coupèrent la queue : après quoi ils firent un appel aux insurgés. Ceux-ci arrivèrent au milieu de la nuit, et les troupes impériales, surprises pendant leur sommeil, furent massacrées.

Dès le mois de mars 1851, les actes de la cour de Pékin se succèdent avec une très-grande vigueur, tandis que les insurgés restent dans l'inaction, ou n'agissent que mollement, ne tentant une expédition qu'avec la certitude de vaincre. Cependant les bruits les plus contradictoires circulent sur le théâtre même de la guerre et dans le reste de l'empire. Les mandarins publient que l'on a enlevé aux rebelles l'étendard miraculeux qui leur donnait la victoire. Cette bannière ensorcelée, dont nous avons déjà parlé, a été, suivant l'opinion généralement répandue, conservée par un Tao-se, lequel y a attaché des dons magiques. Elle est, dit-on, couverte de taches de sang, et porte une légende historique.

En jugeant les choses d'après les habitudes de ce peuple, il paraît probable que les troupes impériales se vanteront souvent d'avoir repris ce *labarum*, et que les insurgés, de leur côté, ne le perdront jamais. D'autre part, on colporte la nouvelle que les insurgés sont entrés dans le Kouang-Toung, que Sin-Tcheou-Fou est en leur pouvoir, et qu'ils se sont même emparés de la capitale du sud-est, c'est-à-dire de la ville de Kouéï-Lin.

Cependant Li, le commissaire impérial envoyé dans le Kouang-Si, est établi à Kouéï-Lin, dont l'insurrection ne s'est point emparée, et il a pris pour lieutenant le terrible Tchang-tièn-tsio. Pendant notre séjour en Chine, ce farouche mandarin gouvernait le Hou-Nan, où l'usage de l'opium se propageait d'une manière effrayante. Afin d'arrêter les progrès de cette funeste habitude, il ordonna que les fumeurs d'opium, bien et dûment convaincus du fait, auraient la lèvre inférieure coupée. Nous avons vu de nos yeux plusieurs de ces malheureux mutilés : leur aspect est horrible. L'opération, faite par d'inhabiles bourreaux, avait laissé des traces hideuses. Les chairs étaient comme déchiquetées, et la cicatrice ressemblait bien plus à une plaie béante qu'à une de ces cicatrices élégantes que produisent avec tant d'art et de bonheur les bistouris parisiens.

On comprend quelle signification avait la nomination de ce terrible homme au poste de lieutenant-gouverneur! Cependant il paraît que la terreur que son nom inspire n'a pas produit plus d'effet sur les insurgés du Kouang-Si que sur les fumeurs d'opium du Hou-Nan!... La même politique appliqua ses mesures de rigueur à la population turbulente de Canton. Les autorités des deux Kouang, c'est-à-dire le gouverneur général et les juges criminels, firent mettre à mort, en un seul jour, trente-six individus accusés de menées contre la sûreté de l'État. Ces malheureux étaient-ils réellement des condamnés politiques? Le fait nous paraît douteux. En Chine on fait, en quelque sorte, de la justice prophylactique. Selon les besoins de la situation, on travestit en accusés politiques, et l'on met à mort comme tels, des individus condamnés pour d'autres méfaits, laissant croire au peuple, auquel ces exécutions inspirent une salutaire terreur, qu'ils sont punis pour crime de rébellion et de lèse-majesté.

Du reste, ces tristes victimes étaient peut-être des membres des sociétés secrètes, qui sont fort nombreuses en Chine, et qui s'irradient non-seulement dans l'intérieur de l'empire, mais encore dans les localités indiennes où les Chinois émigrent. A Singapore, à Pinang, à Batavia, à Manille, nous avons connu de nombreux adeptes des sociétés secrètes de l'Empire du milieu, espèce de franc-maçonnerie dont le but avéré est de détrôner les Mantchoux.

En 1845, nous avons vécu plusieurs jours de suite en compagnie d'un marchand du Chan-Toung, qui introduit clandestinement des armes dans l'Empire du milieu. Il nous conduisit dans une maison qu'il occupait, dans les parties ouest du faubourg, c'est-dire dans les quartiers les plus sales et les moins bien habités de la ville ouverte. Les propriétaires étaient des adeptes de l'association. Nous fûmes reçus par une femme jeune, au grand pied, coiffée comme toutes les femmes chinoises, avec des aiguilles d'argent et des fleurs dans les cheveux, et vêtue d'un pantalon et d'une tunique bleu foncé; nous montâmes dans une espèce de mansarde. Dans ce pays, les mansardes sont au premier étage. Le négociant nous avait conduit chez lui pour nous faire apprécier des armes que des Américains lui avaient vendues. C'étaient d'énormes bancals avec le fourreau en acier. Ces lattes pesantes étaient grossièrement forgées; mais elles étaient, du reste, à fort bon marché : on les lui livrait en Chine au prix de dix francs, c'est-à-dire au-dessous du prix de revient. Lorsque nous entrâmes, le Chinois tira du fourreau une de ces larges lames, et se mit à faire de grandes exclamations en gesticulant à la manière des héros chinois qui sont peints sur les éventails.

Après lui avoir donné notre avis sur la valeur et la qualité de sa marchandise, nous lui demandâmes si c'était pour l'équipement des tigres invincibles qu'il achetait ces armes. A ces mots, le Chinois sourit d'une manière significative, et nous montra, par un geste expressif, l'usage qu'on en devait faire vis-à-vis des troupes impériales. Qui sait? En ce moment peut-être ces lames gigantesques sont-elles aux mains des rebelles; peut-être leur acier effilé a-t-il décousu plus d'un chang bleu et emporté la doublure de plus d'un chapeau conique!

La nomination du terrible Tchang-tièn-tsio, les exécutions de Canton et le bruit des triomphes de l'armée impériale, répandus avec persévérance, n'arrêtent pas les rebelles. A ces actes violents, à ces jactances du souverain tartare, ils répondent par la proclamation de leur empereur, qu'ils appellent Tièn-tè, c'est-à-dire *vertu céleste!*

Jusque-là les insurgés avaient seulement témoigné l'intention de renverser les Tartares; mais, dès ce moment, ils placent un compétiteur en face du trône; ils rendent les honneurs suprêmes à un Chinois, et le revêtent, crime horrible! de la robe impériale jaune-serin. Aussitôt le nom de Tièn-tè retentit dans tout l'empire, et, contrairement aux usages tartares, qui interdisent aux sujets de reproduire les traits du souverain, on répand par milliers dans les provinces l'image du prétendant. C'est grâce à cette circonstance que nous pouvons donner à nos lecteurs le portrait de Tièn-tè.

Nous pensons qu'en faisant circuler cette effigie les chefs des rebelles ont eu surtout en vue de donner au peuple une idée de la coiffure et du costume renouvelés du temps des Ming.

On peut apprécier maintenant les faits de cette première période, et la politique habile, ferme et surtout patiente des chefs de l'insurrection : durant une année entière, Tièn-tè reste dans l'ombre, et ses partisans se bornent à répandre le bruit qu'il existe un descendant des Ming. Aujourd'hui ils le proclament enfin, mais ils ne le montrent point aux populations : le nouvel empereur rentre dans une sorte d'obscurité mystérieuse, et ne se montre plus qu'à de rares intervalles à ses partisans fanatisés.

CHAPITRE VI.

LA RÉVOLTE DANS LE KOUANG-TOUNG. — LE VICE-ROI DANS LE KOUANG-SI.

La rébellion prenait décidément le caractère d'une guerre civile. La cour de Pékin était dans la consternation, et le jeune empereur résolut d'envoyer sur le théâtre des événements des hommes qu'il connaissait personnellement, et dont l'énergie, l'inébranlable fidélité, avaient été éprouvées en d'autres circonstances.

En mai 1851, il envoya à Kouéï-Lin, la ville capitale du Kouang-Si, le premier ministre Saï-chang-ha, assisté de deux autres Mantchoux, Tè-hing et Ta-toung-ha. Le premier de ces mandarins était jusque-là fort inconnu ; le second avait acquis une triste célébrité sur les côtes de Formose : il avait présidé au massacre de l'équipage entier d'un navire européen de transport, le *Nerbuddha*.

Dès que ces mesures furent connues à Canton, le commerce prit l'alarme. Les marchands commencèrent à gémir sur la misère des temps ; dans leur langage hyperbolique et figuré, ils comparaient l'insurrection du Kouang-Si au débordement du fleuve Jaune, ce *chagrin de la Chine*, comme l'appellent les poétiques bureaucrates de l'Empire du milieu.

Bientôt une nouvelle mesure vint porter jusqu'à l'exaspération le mécontentement des marchands cantonnais. Le gouvernement prit la liberté de leur emprunter de quoi parer aux frais de la guerre. On leur demanda d'abord cent mille taels, et plus tard une somme de cinq cent mille piastres passa encore de la poche des pacifiques marchands dans le gousset des mandarins plus ou moins militaires. Il est vrai que pour leur argent ils eurent la satisfaction de voir mettre Canton sur un pied de défense très-respectable et d'assister à un grand mouvement de troupes. Plusieurs corps furent dirigés sur le Kouang-Si ; mais, comme les communications avec Kouéï-Lin étaient coupées, les soldats furent obligés, pour aller à leur destination, de faire un long circuit par le Hou-Nan.

C'est vers cette époque qu'un bruit étrange commença à circuler et fut reproduit absolument dans les mêmes termes par les journaux anglo-chinois favorables ou défavorables à l'insurrection. On publia que le prétendant était réellement un rejeton des Ming, mais qu'il était catholique, et que son passage était surtout signalé par le renversement des pagodes et la destruction des idoles. D'autres affirmaient, au contraire, qu'il était sectateur du Chang-ti, c'est-à-dire protestant.

Sans discuter actuellement le rôle que les chrétiens qui habitent la Chine sont destinés à jouer dans la lutte engagée, nous nous bornons à constater que le nom choisi par le prétendant, le nom de Tièn-tè, *vertu céleste*, est purement païen. Certainement ce bruit fut répandu par les agents rusés du parti rétrograde, par les mandarins qui trouvaient le double avantage d'animer les populations bouddhiques contre les insurgés et de rendre les chrétiens de plus en plus odieux au jeune empereur en les représentant comme les ennemis de son trône.

Mais, par une manœuvre moins habile et qui n'eut d'autre effet que de déceler la source de ces nouvelles suspectes, on insinua que les insurgés avaient annoncé l'intention de chasser les Européens des cinq ports lorsqu'ils se seraient emparés de la suprême autorité. Comme on le voit, les mandarins chinois intriguent sous une triple forme. Il est vrai qu'ils croyaient recueillir un triple avantage en excitant encore la haine de l'empereur contre les chrétiens, et en animant tout à la fois contre les rebelles les courageux Européens et les nombreux sectateurs de Bouddha.

Sur ces entrefaites, de nouvelles complications

vinrent augmenter les embarras qui tourmentaient Siu dans sa vice-royauté. L'insurrection déploya sa bannière dans l'ouest du Kouang-Toung, et les rebelles s'emparèrent de Kao-Tcheou-Fou, chef-lieu du département, situé à dix lieues des frontières du Kouang-Si et à une petite distance de la mer. Ce coup de main fit supposer qu'ils voulaient s'assurer un moyen de retraite en cas de revers, ou bien, chose beaucoup plus inquiétante, qu'ils préparaient quelque expédition maritime. En même temps, des troubles ont lieu dans une autre partie du Kouang-Toung ; les habitants des districts de Nan-Haï et de Toung-Kouan refusèrent de payer les taxes. L'empereur ordonna de punir les instigateurs de ce mouvement d'opposition, connu en Europe sous le nom de refus de l'impôt ; et Siu, fidèle exécuteur des ordres de son maître, envoya un mandarin, avec l'ordre de lui amener les deux principaux coupables. Mais celui-ci revint en affirmant qu'ils étaient morts.

Siu connaissait ce procédé commode, fort souvent employé par les mandarins, afin de soustraire des criminels à l'action de la justice. Pour s'assurer du fait, il demanda qu'on lui apportât les deux cadavres. Lorsque le triste mandarin retourna dans les districts avec cet ordre, et qu'il fit connaître la volonté du vice-roi, la population tout entière se souleva ; elle environna avec des cris furieux le malencontreux agent, le jeta à bas de son palanquin, qu'elle mit en pièces, et l'aurait déchiré lui-même s'il n'était parvenu à s'échapper, tandis qu'on dévastait sa maison. En arrivant à Canton, le digne fils du Céleste empire déclara que pour rien au monde il ne voulait retourner auprès de ses administrés.

La justice de Siu trouva un moyen de frapper les districts rebelles : la peine qu'il leur infligea est caractéristique et montre le degré de civilisation de ce peuple étrange. Malgré les embarras du moment, Siu fit publier que les examens littéraires s'ouvriraient, comme de coutume, à la chancellerie universitaire, dans la ville murée de Canton, mais que les candidats des districts de Nan-Haï et de Toung-Kouan en seraient exclus. Il châtia ainsi la contrée rebelle dans la personne des hommes intelligents qui, en tous pays, doivent marcher à la tête des populations ; et certainement nul châtiment ne pouvait produire plus d'effet que cette exclusion. Siu, en personne, présida les examens, où plus de trois mille étudiants se présentèrent. Le nombre des candidats aurait été bien plus considérable, sans les circonstances difficiles dans lesquelles on se trouvait.

Nous avons parcouru ces districts de Nan-Haï et de Toung-Kouan, situés au milieu des plaines fécondes que le Tchou-Kiang arrose. Des canaux traversent en tous sens ces terres, qui produisent, sans se reposer, d'abondantes moissons. Ces voies navigables sont continuellement sillonnées par des embarcations dont les grandes voiles en jonc dépassent les champs de riz, semblables à de gigantesques éventails. Nulle part l'industrie humaine n'a produit de plus magnifiques résultats et accumulé plus de richesses agricoles.

On n'a plus aucune nouvelle de l'insurrection durant les mois de juin et de juillet. Les gens qui connaissent la manière de procéder du gouvernement affirment qu'il arrête les lettres du Kouang-Si, afin que les populations ignorent le véritable état des choses. On apprend seulement, d'une manière certaine, que le général tartare Ou-lan-taï est parti de Canton avec une petite armée pour attaquer les rebelles. Ceux-ci, contre leur coutume ordinaire, vinrent au-devant de l'ennemi et lui barrèrent le passage près de Lo-Ou-I. L'action fut très-vive et la victoire resta aux insurgés. Les impériaux laissèrent beaucoup d'hommes sur le champ de bataille, et Ou-lan-taï, dangereusement blessé, dut subir l'amputation d'un bras.

Après ce revers, le gouvernement ordonne de nouvelles mesures et concentre de nouvelles forces pour marcher sur le Kouang-Si. Un ancien marchand haniste, Sam-koua, actuellement préfet de Chang-Haï, partit avec l'ordre d'appliquer aux frais de la guerre le revenu des douanes et de l'impôt du sel dans la province du Kiang-Nan. Siu lui-même, n'ayant plus de prétexte pour différer son départ, se décida enfin à aller opérer sa jonction avec les commissaires impériaux, et partit à la tête de trois mille hommes. Au moment où il allait quitter Canton, l'on afficha à la porte du Nord la proclamation suivante :

« Tchou, prince héréditaire de la dynastie des Ming, ayant reçu ordre du ciel de prendre en pitié le peuple et de punir les crimes de ses gouvernants actuels, publie ceci pour l'information de tous.

« Sa Majesté souveraine Tièn-tè a appris que Siu-kouang-tsin est assez méchant, assez corrompu, pour tromper son souverain, tromper la nation, flatter les étrangers et opprimer le peuple. Sachant que dans ce moment il abuse de son autorité à Canton pour traiter les lettrés avec une cruauté et une dureté tyranniques, toutes choses qui enflamment la colère du ciel, dès le principe, Sa Majesté a résolu de réunir un grand nombre de troupes afin de tirer vengeance de ces crimes; mais, craignant de troubler le peuple, elle s'est bornée à établir les faits, et maintenant elle publie cette proclamation, afin que vous, soldats et peuple, sachiez clairement que si quelqu'un de vous parvient à s'emparer dudit malfaiteur, Siu-kouang-tsin, et l'amène au camp impérial avec des témoins pour prouver son identité, il recevra certainement une récompense de dix mille piastres. L'argent est prêt ; il sera payé immédiatement dès qu'on amènera le brigand. Remarquez bien le nom de ce spoliateur du peuple, il s'appelle Siu-kouang-tsin, et on le trouve en ce moment parmi des misérables comme lui, dans la maison officielle de la rue Maï-Na, dans la ville de Canton.

« Le 25 de la sixième lune de la deuxième année de Tièn-tè. (13 juillet 1850.) »

Le prudent vice-roi entra dans une grande colère lorsqu'il eut connaissance de ce placard; de peur que quelque désespéré ne le prît au sérieux, il le déclara apocryphe, et jura qu'il en tirerait vengeance quand il en connaîtrait l'auteur. Mais la police, même la police d'un vice-roi, ne peut pas tout savoir, surtout lorsqu'il s'agit de ces écrits illicites au bas desquels l'auteur ne met pas son nom. Siu en est encore à chercher le coupable; il soupçonne bien que c'est quelque lettré cantonnais qui lui a joué ce mauvais tour; mais il a tant d'ennemis dans cette classe, qu'il ne sait lequel il doit accuser et punir.

Lorsque Siu se mit en marche, il traversa les rues des deux enceintes murées de Canton, escorté d'une double rangée de soldats. Deux gongs annonçaient bruyamment le passage du vice-roi, et son palanquin était précédé d'une bannière sur laquelle était écrit : « Rangez-vous et faites silence; voici le commissaire impérial! » Nul ne songeait à contrevenir à cet ordre. Au bruit des tam-tams, les marchands rentraient prudemment dans leurs boutiques, les porteurs de chaises s'arrêtaient, et les piétons, surpris par le cortége, se rangeaient le long des murs, les yeux baissés et les mains pendantes. Siu était rencogné au fond de sa niche, dans une attitude qui révélait sa mauvaise humeur; l'histoire du placard l'avait vivement contrarié; il promenait son regard à droite et à gauche, comme s'il eût cherché une occasion d'épancher sa colère. Mais en Chine on s'applique avec tant de soin à éviter les effets de la mauvaise digestion d'un mandarin, que, malgré son désir de chercher querelle à quelqu'un, il ne trouvait rien à reprendre; cependant, arrivé au coin de Hoëï-Gai-Kiaï, la rue de l'Affection bienfaisante, le faubourg Saint-Germain de Canton, le grand mandarin pâlit; il frappa violemment le bord de sa chaise, et ordonna à ses porteurs de s'arrêter. On était alors devant la maison de l'un de ces pauvres peintres qui font ces grandes images qui représentent des génies familiers et des tableaux de famille. Celui-ci avait étalé sur les murs extérieurs de son logis quelques-unes de ses œuvres les plus remarquables; mais, chose bizarre! au milieu des dieux souriants, des génies irrités, des femmes sans pieds s'envolant comme des oiseaux dans les plis soyeux de leurs légers vêtements, on voyait un mandarin décapité. La dignité du personnage était indiquée par les insignes dessinés sur le plastron qui recouvrait la poitrine. Le cadavre était agenouillé, et la tête, séparée du tronc, était à côté d'un chapeau de feutre portant le globule uni. C'était la vue de cette horrible peinture qui avait fait éclater la colère du vice-roi.

— Qu'on m'amène l'auteur de ce tableau! s'écria-t-il.

Aussitôt un pauvre diable d'artiste sortit tremblant de sa boutique, et il s'agenouilla devant la chaise de Siu.

— Pourquoi as-tu exposé cette image sur mon passage? s'écria le mandarin d'une voix émue.

— Monseigneur, c'est pour la faire sécher, répondit simplement l'artiste.

— N'est-ce pas plutôt pour mettre sur mon chemin un funeste présage? demanda le vice-roi en fureur.

— Comment oserais-je, moi, humble esclave de Votre Excellence, me rendre coupable d'un pareil crime? dit le peintre le front dans la poussière.

— Eh bien! alors, pourquoi as-tu peint cet abominable tableau?

— Hélas! monseigneur, parce qu'on me l'a commandé. Je gagne ma vie par mon travail.

— Eh bien! pour t'apprendre à ne pas la gagner en barbouillant de pareilles horreurs, on t'administrera vingt coups de bambou!... dit le vice-roi en se tournant vers les officiers de sa suite.

Les porteurs se remirent en marche. On se saisit du pauvre peintre, on le conduisit dans la geôle de la ville, où l'on exécuta la sentence du vice-roi. Ce fut impressionné par ces deux événements que notre mandarin partit pour la guerre.

Siu apprit par ses espions que les insurgés, formant un corps de troupes formidable, étaient à Ou-Tcheou-Fou, l'une des villes les plus à l'est du

Kouang-Si. Fidèle à ses principes de prudence, le gouverneur général se garda bien d'essayer de les surprendre : il s'arrêta à Chao-King et s'y cantonna, dans l'intention d'observer l'ennemi. Il lui eût été bien difficile d'ailleurs de dissimuler sa marche; outre les trois mille hommes qu'il commandait, il avait à sa suite une foule de petits mandarins, de valets, de bourreaux, de musiciens, de porteurs de tablettes et d'étendards, sans compter une petite troupe de jeunes femmes, destinée à égayer les ennuis du chemin. Il eût été impossible d'avancer secrètement avec cette escorte bruyante, laquelle rappelait celle de Darius, sauf cette différence que l'argent et les femmes, au lieu d'être traînés sur des chariots, étaient portés à dos d'homme dans des sacs, des coffres et des palanquins. Siu emportait avec lui des trésors. En quittant la ville de Canton, il avait pris beaucoup de piastres en guise de munitions, et, sur sa route, il s'était encore approvisionné le plus qu'il avait pu du nerf de la guerre. C'est en Chine surtout que l'argent fait capituler les cœurs et les consciences, lesquels sont, pour ainsi dire, au rabais : un général ne se vend guère plus cher qu'une courtisane de Fou-Tcheou-Fou. Siu, pénétré de cette vérité, avait pris ses mesures pour forcer la ville sans coup férir, et pour gagner des batailles sans brûler une amorce. C'est pendant son voyage de Canton à Chao-King que se passa le fait suivant.

On arriva un soir devant un cours d'eau rapide et profond qu'il fallait traverser sur une passerelle de bambous. Déjà une partie de l'escorte était sur l'autre rive ; Siu fit arrêter sa chaise et commanda aux coulis de passer lentement et avec précaution ; ceux-ci obéirent ; mais au moment où ils atteignirent le milieu de ce pont élastique, une brusque secousse précipita dans l'eau les coulis et leur charge. Il y eut un moment de désordre inexprimable. La caisse était allée au fond de l'eau et les malheureux coulis se débattaient contre le courant en jetant des cris lamentables, tandis que Siu, en fureur, frappait de son éventail le bord de sa chaise. Par bonheur les coulis nageaient comme des poissons et ils regagnèrent aisément le bord. Le viceroi leur aurait volontiers fait donner la bastonnade ; mais il réserva pour un autre moment cette satisfaction et commanda à ces malheureux, encore tout haletants et troublés par la peur, de repêcher sur-le-champ la fameuse caisse, les menaçant d'un châtiment terrible s'ils ne la retrouvaient pas.

Les coulis quittèrent leurs vêtements et se mirent courageusement à l'eau ; c'étaient d'habiles plongeurs ; ils explorèrent le fond de la rivière, et, après beaucoup d'efforts, ils parvinrent à ramener sur le rivage la lourde caisse, mouillée, toute souillée de boue, mais parfaitement intacte. Siu se hâta de la faire charger sur les épaules de deux autres coulis et de donner l'ordre de départ. Quelques jours plus tard, en arrivant à Chao-King, un de ses premiers soins fut de faire ouvrir la caisse en sa présence; mais, à la place de ses lingots d'or, il ne trouva que des cailloux et des morceaux de plomb proprement enveloppés dans du papier de soie. Les coulis étaient de hardis voleurs qui avaient très-habilement calculé cette substitution. Le vice-roi, transporté de colère, mit sur pied toute sa police; mais ce fut inutilement : les voleurs s'étaient sans doute réfugiés dans le pays occupé par les rebelles et ils y avaient mis en sûreté leurs personnes et leur butin.

Les insurgés, sachant quelle espèce de projectiles remplissait les coffres du vice-roi et avec quelles munitions de guerre il était entré en campagne, se mirent également en observation; ils attendaient une occasion favorable pour opérer une double capture, en s'emparant à la fois du général et de ses moyens d'attaque; mais, si le vice-roi n'est pas excessivement brave, il est, en revanche, extrêmement rusé, et les rebelles en furent pour leurs frais de stratégie. La Chine, ce pays prosaïque et peu guerrier, fut alors le théâtre d'un fait renouvelé du temps des preux : un chef de rebelles, Tchou-lou-tao, fatigué de se trouver en présence d'un ennemi qu'aucune provocation ne pouvait faire sortir de ses retranchements, résolut de lui porter un défi, et *les beaux yeux de la cassette* du vice-roi, exaltant probablement son imagination, il envoya à Siu le cartel suivant :

« Ayant appris que Votre Excellence a amené des

troupes pour nous soumettre et nous exterminer, je me demande comment vous pourrez échapper au sort qui vous attend : vous n'osez pas venir nous combattre. Vous êtes évidemment sans force et sans courage, car, après avoir rangé vos troupes en ordre de bataille, au moment d'en venir aux mains, vous tombez dans la crainte et dans la confusion. Si réellement vous avez confiance en votre force et en vos moyens, et qu'au milieu de votre faiblesse absolue vous pensiez pouvoir soutenir un combat, fixez donc pour cela un jour prochain, afin que nous décidions de suite, et dans une seule bataille, qui de nous doit succomber ou vaincre, et que par là nous épargnions d'une destruction générale et certaine ces pauvres soldats que vous faites massacrer en détail. »

En recevant cette missive, contraire à tous les usages d'un pays, où l'on tient surtout à se bien porter et à vivre longtemps, Siu entra dans une colère encore plus furieuse que celle qu'il avait éprouvée en lisant le fameux placard par lequel on avait mis sa tête à prix. Sous l'influence de ce terrible emportement, il sortit des bornes de sa prudence habituelle et même des remparts de la ville. Installé dans son palanquin, il se mit à la tête de ses troupes et chemina toute une matinée ; mais, à quelques *lis* de Chao-King, la chaleur du jour portant conseil — on était au mois d'août, — le vice-roi décida qu'on rentrerait en ville après cette promenade militaire. Ainsi se termina la première campagne de Siu contre les rebelles.

En annonçant le départ du gouverneur général des deux Kouang à la tête de sa petite armée, un journal anglais, très au courant des affaires de Chine, disait avec une apparence de raison : « Siu travaille à dissoudre les bandes du Kouang-Si, non point par la force, mais par la ruse et l'argent; il réussira sûrement. L'argent est la principale affaire dans la rébellion. »

Malgré cette prophétie, le rusé mandarin n'a pas réussi : c'est qu'il y a autre chose dans cette rébellion qu'un mobile intéressé... Plus tard, nous verrons quel autre élément a offert une résistance invincible à la diplomatie de Siu.

Toutefois, Siu a très-bien fait de ne pas se mesurer avec les soldats de Tièn-tè, lesquels traitent les vaincus avec une barbarie inouïe. Cinq cents soldats du Hiang-Chan, ayant eu le malheur de tomber dans une embuscade, furent égorgés par les fanatiques auxiliaires du prétendant. Dix seulement échappèrent à cette boucherie et allèrent jeter l'alarme dans Kouëi-Lin, en racontant la triste fin de leurs compagnons.

Cependant, malgré ces défaites successives, les mandarins ne cessent d'envoyer au Fils du ciel les bulletins de leurs victoires. Le *Moniteur* de Pékin suffit à peine à enregistrer leurs prouesses. Dans quelques-unes de ces hableries militaires, on raconte les prodigieux effets d'un boulet de canon qui a enlevé toute une file de l'armée ennemie, le capitaine en tête, et on demande une récompense pour le canonnier qui a pointé ce coup merveilleux. Un autre bulletin affirme que, dans une seule action, huit cents hommes ont été tués par une seule décharge, et que, le même jour, les vainqueurs ont pris trois villes d'assaut. Tous ces contes bleus sont accompagnés de noms et de dates précises ; rien n'y manque, pas même le paraphe officiel. Et cependant ces mêmes hommes, qui font au souverain ces grossiers mensonges, savent mourir pour défendre son trône.

Nous avons vu déjà Lin quitter sa chère solitude pour obéir aux ordres qu'il avait reçus, et mourir en se rendant à son poste. Son successeur, Li-sing-yuèn, après six mois de bons et dévoués services, demande à l'empereur de le décharger, durant quelque temps, de ses fonctions, afin qu'un peu de repos répare sa santé, usée par la lutte qu'il soutient dans l'intérêt de la domination tartare. Cette grâce lui est accordée ; le sujet dévoué transmet, suivant l'ordre qu'il en a reçu, le sceau impérial à Saï-chang-ha et quitte Kouëi-Lin pour aller à Pékin. Mais la faveur qu'il a sollicitée arrive trop tard ; la responsabilité qui pesait sur lui a miné sa vie : son impuissance à réduire les insurgés l'a rendu triste jusqu'à la mort, et il succombe avant d'avoir atteint la ville impériale.

Les vieilles institutions ont seules le privilége d'inspirer ces dévouements fidèles : l'histoire de Blondel et de son roi Richard se retrouve dans celle de toutes les vieilles dynasties de toutes les vieilles races royales. Tel sujet loyal, qui gémit en voyant le sceptre en des mains débiles ou incapables, meurt cependant pour défendre le souverain qui plie sous le poids de sa grandeur. Il y a, dans certaines familles, des traditions qui les rendent solidaires des infortunes royales, et rien, pas même leur volonté, ne saurait les délier de leur glorieux servage.

L'empereur, en apprenant la mort de Li-sing-yuèn, retrouva, lui aussi, au fond de son cœur, un de ces nobles sentiments qui honorent également le monarque et le sujet. Il pleura son serviteur fidèle, fit son apologie dans un édit rendu public et ordonna au ministère des rites de rendre au défunt les honneurs dus à un gouverneur général. Ces soins accomplis, il envoya au gouverneur du Hou-Nan dix taëls pesant de Ginseng de Tartarie, pour les offrir à la vieille mère de Li-sing-yuèn. On sait que cette plante est douée, aux yeux des Chinois, de propriétés merveilleuses ; on la considère comme un agent aussi énergique qu'inoffensif contre la chute des forces et la diminution de la chaleur vitale : aussi les riches en font-ils un usage fréquent, ne doutant pas que ce cordial ne prolonge considérablement leur existence, et que dans certains cas il ne les préserve de la mort. Le jeune empereur, en faisant ce présent, disait en quelque sorte à la mère de son serviteur qu'il faisait des vœux pour qu'elle vécût les jours que son fils avait abrégés à son service.

CHAPITRE VII.

UN CRIME. — LES SAPÈQUES. — KOUEÏ-LIN.

Au mois de juillet 1851, il se passa dans la demeure impériale un fait mystérieux, dont les circonstances ne sont pas encore aujourd'hui parfaitement connues. A l'heure où l'empereur se promène dans les somptueux jardins de son palais, un homme armé se précipita sur lui et tenta de l'assassiner. Mais un chambellan qui se trouvait à portée détourna l'arme meurtrière et sauva le Fils du ciel. Cet acte de dévouement mit en péril sa propre vie; il reçut, dans l'articulation du coude, une blessure qui nécessita l'amputation. Ce crime avait-il été prémédité par quelque adhérent des rebelles? ou bien les parents du jeune empereur, alarmés de voir, en ces temps difficiles, le sceptre aux mains d'un adolescent, avaient-ils voulu, dans un intérêt dynastique, faire transmigrer violemment leur jeune parent? Cette dernière supposition est la plus probable. Le régicide est le crime des causes désespérées, et il est fort rare que les représentants du progrès, les hommes qui sont réellement dans les voies de l'avenir, recourent à ces détestables exécutions pour hâter le triomphe de leurs idées.

A la suite de cette tentative, dix-huit grands mandarins eurent la tête tranchée; tous les membres de leurs familles subirent le même sort. C'est une loi fatale dans l'Empire du milieu ; très-souvent les arrêts frappent les coupables jusque dans leurs descendants.

Un bruit accrédité en Chine, relativement à cet événement, c'est que les oncles de l'empereur n'étaient pas étrangers à ce crime. On parla même de Mou-tchang-ha et de Ki-in. C'étaient Burrus et Sénèque soupçonnés d'avoir attentés au jours du jeune Néron! Il est plus vraisemblable que les eunuques du palais furent les complices de cette odieuse tentative. Ces hommes dégradés et flétris ont, de tout temps, joué un rôle infâme dans les conspirations de palais, et, plus d'une fois, les révolutions du Céleste empire ont eu pour promoteur un individu de cette espèce abjecte, qui, à défaut de virilité corporelle, est douée d'une énergie perfide et chez laquelle la passion de l'envie remplace l'ambition.

Cette tentative sur la personne de l'empereur eut son écho dans les provinces insurgées. On y proclama, en quelque sorte, la déchéance de la dynastie tartare, en répandant des sapèques qui portaient le nom de Tien-tè. Les sapèques, appelées *tsien* en chinois, sont la monnaie courante de l'Empire du milieu. Ce sont de petites pièces de cuivre, de zinc et de nickel, minces et rondes comme une pièce de vingt sous, et percées d'un trou carré, dans le milieu, qui permet de les réunir par de longues ligatures d'une valeur déterminée.

Ce signe représentatif est aussi laid que nos gros sous. Chacune de ces pièces ne vaut pas plus d'un centime, et la composition très-facilement oxydable avec laquelle elles sont faites leur donne le plus souvent une apparence sordide. C'est pourtant le signe représentatif par excellence, la monnaie nationale, en dehors de laquelle il n'y a que des lingots d'or ou d'argent dépourvus de toute empreinte officielle. Les sapèques ne portent jamais d'effigies, elles sont seulement marquées du nom de l'empereur sous lequel elles ont été coulées ; en Chine, on ne bat pas, mais on coule monnaie ; et, comme jadis en France, la loi punit de mort les contrefacteurs de ces vilains petits sous, sans toutefois récompenser le dénonciateur, ce qui est un raffinement de la civilisation européenne.

L'apparition de cette nouvelle monnaie donna fortement à penser aux politiques marchands de Canton. Ils méditèrent longtemps devant les caractères séditieux du prétendant, et peut-être étaient-ils de l'avis d'un personnage austère par état, et jadis homme politique, lequel disait : « J'ai une méthode bien simple pour reconnaître la légitimité d'un souverain : je me fais tout simplement présenter une pièce de cent sous récemment frappée ; l'image qu'elle représente est pour moi celle du vrai César ; car le vrai César est toujours à mes yeux celui qui bat monnaie ! »

Le procédé est commode en effet ; cependant, en présence de deux souverains s'arrogeant le même droit, les théologiens de l'Empire du milieu se trouvèrent fort embarrassés. L'homme en question ne l'eût pas été du tout : probablement il aurait tendu la main droite et la main gauche, en déclarant que les deux empereurs étaient également légitimes.

Malgré leurs efforts, les insurgés n'avaient pu s'emparer de Kouëi-Lin, la capitale du Kouang-Si ; mais un grand nombre de villes départementales étaient tombées en leur pouvoir. Lo-Ting-Tcheou et Li-Ning-Hièn avaient été emportés d'assaut et ils y avaient fait un immense butin. Après la prise de ces deux villes, un des chefs rebelles, Tchou-lou-tao, envoya une flottille montée par six mille hommes, pour s'emparer de Iu-Lin-Tcheou. Le préfet et le général Ou-lan-taï étaient dans cette ville. A l'approche des rebelles ils tentèrent un mouvement stratégique, afin de leur couper le chemin ; mais, au lieu de tomber à l'improviste sur l'ennemi, ils donnèrent, sans s'en douter, dans une embuscade.

L'action eut lieu pendant la nuit, et le jour qui suivit éclaira un lamentable tableau. Les troupes impériales, surprises par les rebelles, avaient été littéralement égorgées, et parmi les morts gisait le malheureux préfet de Iu-Lin-Tcheou. Du reste, mieux vaut, pour un général ou un administrateur chinois, succomber dans une rencontre que de survivre à une défaite. Souvent les malheureux vaincus devancent la justice de l'empereur et se punissent eux-mêmes en se donnant la mort. Déjà nous avons vu plusieurs exemples de ce stoïcisme barbare. Les gouverneurs de Lo-Ting-Tcheou et de Li-Ning-Hièn obéirent au fatal préjugé qui porte la plupart des mandarins à ne pas attendre leur disgrâce.

Il est difficile de concilier ce mépris de la vie avec la pusillanimité dont ces mêmes hommes font preuve en d'autres circonstances. C'est le prestige de l'autorité traditionnelle qui opère ce miracle. Le même individu qui tremble à l'aspect d'une épée nue, s'empoisonne ou se pend résolûment, en songeant que le maître qui l'a élevé au rang qu'il occupe le dégradera ou blâmera sa conduite.

Vers la fin de 1854, les triomphes des rebelles se succèdent avec une telle rapidité, que la *Gazette* de Pékin elle-même cesse d'enregistrer les victoires des impériaux pour raconter les avantages que l'insurrection a obtenus. Toutes les villes fortifiées sont mises sur le pied de guerre, et les Européens reçoivent des lettres de leurs correspondants de l'intérieur qui les assurent qu'à Hang-Tcheou, à Tchin-Haï, à Ning-Po, on se prépare au combat. Dans les grandes villes, on vend des plans topographiques de l'insurrection, sur lesquels sont marqués tous les pays qu'elle occupe et les villes dont elle s'est successivement emparée. Ces plans, qui ont été publiés de mois en mois, sont parvenus jusqu'en Europe, et c'est sur une de ces cartes que nous suivons aujourd'hui le progrès des rebelles. Nous dirons les rebelles, en attendant le jour où ils entreront dans le palais impérial de Pékin ; à dater de ce moment, nous les appellerons d'un autre nom ; car, en vertu des opinions politiques reçues en Chine, ce sera alors Hien-foung qu'on appellera un rebelle !

Le 29 septembre, un corps considérable d'insurgés rencontra les troupes impériales dans le district de Young-Gan ; le combat s'engagea et les tigres furent mis en déroute ; après cette action, l'une des plus meurtrières de cette guerre d'escarmouches, les rebelles poursuivirent leurs avantages et emportèrent d'assaut Young-Gan-Tcheou, Houen-Mou, et la ville départementale de Ping-lo. Les vainqueurs sommèrent les magistrats de reconnaître la souveraineté de Tien-tè, et tous ceux qui refusèrent d'accomplir cette formalité furent mutilés ou simplement mis à mort. Ainsi, dans cette contrée, que les enfants civilisés de l'Occident appellent barbare, il se trouve encore des fonctionnaires qui restent fidèles au souverain en présence de la rébellion triomphante, et meurent plutôt que de manquer à leur serment.

Les insurgés, maîtres des trois villes, épargnèrent cependant les habitants qui ne souffrirent aucun dommage dans leurs biens ni dans leurs personnes. Une proclamation de Tien-tè les engagea à continuer de vivre tranquillement chez eux, permettant à tous ceux qui ne voudraient pas reconnaître son autorité de se retirer où bon leur semblerait, en emportant ce qu'ils pourraient de leur fortune. Bon nombre de ces paisibles citadins profitèrent en toute hâte de cette permission, et partirent chargés de leurs effets les plus précieux ; mais, en opérant cette émigration, ils eurent le malheur de tomber au milieu d'une troupe d'impériaux, lesquels, sans tenir compte du motif qui les avait fait fuir des villes conquises, les dépouillèrent entièrement et tuèrent ceux qui tentaient de se défendre. En subissant de telles violences, ces malheureuses victimes de la guerre civile reprochaient aux soldats de l'empereur leur couardise en face de l'ennemi et leur audace en attaquant des gens sans défense. « Vous êtes, leur disaient-ils, des souris devant les rebelles et des tigres devant nous ! » Ces malheureux ne s'apercevaient sans doute pas qu'ils faisaient un méchant calembour.

Cependant Siu, toujours enfermé dans les environs de Kao-Tcheou-Fou, épuise ses ressources stratégiques ; il met à prix la tête du père de Tien-tè, celle d'un conseiller mystérieux qui accompagne partout le prétendant, et celle de Tien-tè lui-même, offrant quatre-vingt-dix mille taëls à quiconque lui apportera ces trois têtes dans un sac : c'est-à-dire qu'il estime individuellement chacun de ces chefs rebelles vingt mille taëls de plus qu'on a estimé son propre crâne. Malgré ces offres brillantes, Siu ne voit rien venir. Le désespoir gagne alors le vice-roi des deux Kouang, il est mal à l'aise dans le Kouang-Si et demande instamment à l'empereur de le laisser retourner à Canton. Un mandarin chinois, talonné par l'ennui, accablé par les soucis d'une telle position, est capable d'inventer les plus bizarres stratagèmes pour s'en tirer.

Notre mandarin, dans un rapport que la *Gazette* officielle de Pékin lui a joué le mauvais tour de publier, expose à son maître que les sujets de dona Maria da Gloria, reine de Portugal, préparent une expédition contre le Céleste empire! Il transforme les pacifiques Macaïstes en une troupe de forbans, prête à seconder l'insurrection et voulant reconquérir pour son propre compte les provinces du Kouang-Toung et du Fo-Kien!

On le voit, cet empire gigantesque, servi par des mandarins menteurs, défendu par des soldats couards, est en dissolution; de tous côtés se montrent des symptômes qui révèlent sa chute prochaine.

Sur la rive droite du Tchou-Kiang, en face des jardins de Fa-ti que tous les Européens connaissent, et où croissent, taillés en forme de buffle et de tigre, des arbres noueux et rabougris, il y avait, au mois de septembre 1851, vingt grandes jonques, portant deux mille recrues du district de Toung-Kouan, destinées à aller renforcer les troupes du Kouang-Si. Au moment de mettre à la voile, ces troupes mercenaires refusèrent de partir, si on ne leur avançait deux mois de solde. Les mandarins subirent leurs exigences, et, lorsque les comptes furent réglés, cette

8.

horde indisciplinée partit, accompagnée de mille volontaires, de neuf cents soldats réguliers et munie de vingt pièces de campagne. Mais que peut-on attendre de pareils hommes ? Comme ces bandes d'aventuriers qui vendaient jadis leurs services, ils sont capables de passer à l'ennemi, si l'on tarde un seul jour de solder leur paye. C'est ce qui explique les continuelles défaites de l'armée impériale et les progrès non moins suivis de l'insurrection.

Cependant Hien-foung, qui sent que son trône chancelle, cherche à le raffermir par de nouveaux actes de vigueur ; il a recours aux moyens détestables qu'un despotisme aveugle emploie dans les jours de danger. Dans son effroi et sa colère, il frappe sans merci les généraux coupables de s'être laissé battre ; il dégrade les fonctionnaires des provinces, des départements et des districts dans lesquels l'insurrection se propage. Le *Moniteur* de Pékin commente longuement les fautes que les chefs ont commises, et chaque exposé est suivi d'une condamnation à mort, ou tout au moins d'une dégradation.

Saï-chang-ha, qui, d'abord premier ministre, a été envoyé comme commissaire extraordinaire dans le Kouang-Si, et qu'après la mort de Lin, l'empereur a nommé gouverneur de cette province, Saï-chang-ha, disons-nous, est rabaissé de quatre degrés, parce qu'il n'est pas parvenu à éteindre l'insurrection. Des généraux qui, la veille d'une action, ont eu le malheur d'être malades, sont aussi dégradés, et Ou-lan-taï, le général tartare de Canton, est compris dans cette disgrâce. Mais avant l'arrivée du décret impérial dans le Kouang-Si, Ou-lan-taï ayant eu le bonheur de prouver sa bravoure dans un bulletin de sa façon, le décret est révoqué en ce qui le concerne, et il est réintégré dans ses dignités.

Au milieu de ces périls et de ces embarras, le fils du ciel passe une partie de son existence dans des occupations futiles, entouré de ses favorites et de quelques courtisans qui peut-être complotent sa mort. Il s'amuse, étrange passe-temps, à composer un poëme sur les hauts faits du général tartare! Nous avons lu une partie des élucubrations poétiques du jeune empereur, c'est l'œuvre d'un esprit peu fécond qui s'approprie l'imagination d'autrui et met à chaque ligne quelques réminiscences des auteurs classiques du Céleste empire; ce sont les Homères chinois, les Ariostes de Pékin, qui ont fourni à ce poëte impérial la plupart de ses hémistiches ampoulés.

Pendant que le souverain mantchou accorde sa lyre, comme disait feu Delille, que fait le descendant des Ming? Il ne compose pas un poëme épique, car il pense sans doute avec quelque raison qu'un empereur qui a son trône à défendre ou à conquérir a bien autre chose à faire que de rimer des chants dythirambiques; il n'écrit qu'en prose et il adresse aux populations un nouveau manifeste où il révèle jusqu'à un certain point sa politique future. Ce document important a fort excité l'attention des Européens qui habitent la Chine, lesquels sont ordinairement fort dédaigneux à l'endroit de la politique indigène. Nous reproduisons un fragment de cette pièce spécialement adressée aux impériaux, nous réservant de donner plus loin une autre proclamation où les idées de Tien-tè sont bien plus nettement formulées :

« Nous ne serons pas les seuls à vous mettre en déroute; l'air même, par l'infection dont il vous entoure, vous donne avis de vous en aller. Lorsque ma vertu céleste aura triomphé, le pays deviendra heureux et les gouvernants seront honnêtes comme dans les anciens temps. J'aperçois le signe arboré par le conseil céleste, et j'ai constitué un grand général après avoir reçu son serment d'humanité. Si les vagues s'élèvent en engloutissant tout devant elles; si nous montons sur les remparts et nous frayons un chemin dans les citadelles, je crains bien que vous n'ayez beaucoup de peine à préserver la capitale et à maintenir dans le repos le palais de Sa Majesté. »

On parle toujours des tentatives des rebelles contre la ville de Kouéï-Lin, dont ils ne se sont pas emparés encore, bien que la nouvelle en ait été donnée plusieurs fois. Cette ville est un point militaire important; mais il paraît que les chefs des insurgés ne se préoccupent guère de l'importance stratégique des diverses localités dont ils s'emparent; excepté quelques villes fortes dans lesquelles le prétendant se retire, ils abandonnent successivement tous les *fou* et tous les *hièn*, après y avoir prélevé les contributions nécessaires pour payer leurs troupes. Cette tactique est celle des chefs barbares qui conduisaient les grandes invasions dont l'histoire nous a transmis le souvenir. Les insurgés vont droit devant eux, s'emparant chaque jour d'un nouveau point qu'ils abandonnent le lendemain. On voit qu'ils ont l'intention de faire une trouée jusqu'à la capitale. Dans un pays aussi fortement centralisé que la Chine, tant que Pékin est aux mains des Mantchoux, ils règnent toujours dans l'empire du milieu ; mais le jour où le descendant des Ming entrera dans la ville impériale, les provinces qu'il aura traversées et non conquises reconnaîtront son droit et se soumettront à son autorité.

Puisque nous revenons à Kouëi-Lin, nous allons donner une rapide description de cette ville, dont il sera bien souvent encore question dans cette histoire. Le chef-lieu du Kouang-Si est bâti sur la rive droite d'une grande rivière appelée Kouëi-Kiang. Ce magnifique cours d'eau qui coule de l'est à l'ouest, après avoir plusieurs fois changé de nom et reçu plusieurs affluents, baigne, sous le nom de Tchou-Kiang, rivière des Perles, les remparts de Canton. Kouëi-Lin est une ville murée ; au nord, l'horizon est borné par de magnifiques montagnes dont les cimes aiguës ressemblent aux pointes d'une immense file d'obélisques. Au pied de trois pics élancés sont couchées des collines à la croupe arrondie qui semblent avoir roulé de leurs cimes. Ces coteaux sont couverts de cannelliers dont les aromes embaument l'air presque toute l'année.

L'aspect de Koueï-Lin est plein de charme pour les Chinois; les paysages accidentés ont à leurs yeux des beautés singulières, et les mêmes artistes qui peignent des roches impossibles, qui créent une végétation factice et admirent dans leur jardin les monstruosités de l'art chinois, ne se lassent pas de contempler les œuvres de la nature, à condition toutefois que leur imagination pourra y découvrir quelque forme indécise, quelque image bizarre. Les touristes du Céleste empire font devant les rochers du Kouang-Si un travail de contemplation analogue à celui auquel se livrent certains individus devant les tabatières de buis. Ils veulent absolument qu'elles soient peuplées d'images que leurs yeux prévenus seuls y découvrent.

Sur les bords de la rivière Koueï-Kiang, en avant de la ville, du côté de l'est, il existe une de ces curiosités naturelles : c'est un énorme bloc de pierre dont les formes rappellent celles d'un éléphant gigantesque. Les Chinois appellent ce rocher Siang-Pi-Chan, rocher du nez de l'éléphant. Le pachyderme est à moitié couvert par des bambous; il porte sur son dos une tour arrondie couverte d'un double toit de porcelaine surmonté de dragons ailés. On dirait un de ces animaux se baignant dans les fleuves de l'Inde, au milieu des roseaux et portant sur sa vaste croupe un de ces pavillons dans lesquels se promène le roi de Siam.

Les remparts de la ville sont en briques et en pierres grossières, reliées avec de l'argile; ils sont bordés de créneaux en assez bon état, et de toutes les embrasures sortent les bouches d'une double rangée de canons. Vers l'ouest, dans l'enceinte même de la cité, un immense jet de pierre s'élance du sol; il est de forme conique et ressemble à un immense pain de sucre. Les Chinois l'appellent la Merveille isolée. On gravit ce roc escarpé en suivant un chemin qui serpente à l'entour, et le long duquel on trouve à chaque pas de petits oratoires. Au sommet s'élève la pagode célèbre devant laquelle il y a deux grands mâts ornés de banderoles aux vives couleurs. Un pont de bateaux relie les faubourgs de la ville murée aux campagnes environnantes; car le fleuve passe au pied de Koueï-Lin, à peu près comme le Rhône devant Avignon.

On affirme que Koueï-Lin compte plus de quatre cent mille habitants. Ces chiffres ne paraissent exacts que lorsqu'on a vu les villes chinoises. Telle est la capitale de cette province, berceau de l'insurrection. Disons encore en passant que Siu, dont nous connaissons la prudence excessive, n'a pas cherché à s'enfermer dans cette place que les généraux chinois tiennent pour inexpugnable; c'est peut-être cette opinion qui jusqu'à ce jour l'a protégée contre les rebelles.

CHAPITRE VIII.

UNE SCÈNE SANGLANTE. — POLITIQUE DES INSURGÉS.

Dans le courant de l'année 1851, plus de sept cents malheureux furent exécutés à Canton. La sévérité des mandarins semble s'exaspérer au fur et à mesure que l'insurrection s'étend ; il ne se passe pas de jour que la justice ne fasse de nombreuses arrestations, et que des malheureux, enfermés dans des cages de bambous, garrottés comme des bêtes féroces, ne soient amenés de la province du Kouang-Si ou des districts soulevés du Kouang-Toung. Ordinairement on ne leur fait pas attendre leur sentence, vu que dans les cas d'insurrection l'autorité supérieure de la province a le droit de faire exécuter les arrêts de mort sans recourir à l'empereur, et qu'elle use largement de ce sanglant privilége. Une exécution à mort est toujours une chose hideuse en tout pays, mais en Chine l'appareil dont elle est environnée en redouble l'horreur. Nous allons donner ici la lettre d'un de nos amis qui eut la triste curiosité d'assister au supplice de cinquante-trois rebelles du Kouang-Si.

« Le 1er mai, écrivait-il, j'allai avec trois de mes amis assister à une exécution. La rue dans laquelle se passent ordinairement ces affreuses scènes est, comme vous le savez, située hors de la ville murée de Canton, vers la partie du faubourg qui est au sud en longeant la rivière. Cette rue étroite et sale, d'environ cent mètres de longueur sur quinze de largeur, est appelée par les Européens le Champ des Potiers. Toutes les maisons environnantes sont effectivement habitées par des ouvriers qui confectionnent la vaisselle commune et ces fourneaux portatifs que vous avez vus souvent dans les plus pauvres maisons et sur les demeures flottantes des tankadères. Et de peur qu'un Chinois comme vous ne me chicane sur les noms, je m'empresse de vous dire que les indigènes appellent cette lugubre localité Tsièn-Tze-Ma-Teou, le quai des mille caractères, par allusion aux nombreuses enseignes qu'on y aperçoit de la rivière.

« Nous arrivâmes à dix heures du matin, et nous nous installâmes devant la boutique d'un individu qui raccommodait de vieilles chaussures. La position était excellente pour embrasser d'un coup d'œil toute la cérémonie. Nous restâmes là tranquillement jusqu'à midi. Alors arrivèrent quelques soldats et des officiers attachés au service des mandarins, lesquels firent évacuer la rue et repoussèrent au loin les curieux. C'était, comme en Europe, la plus vile populace qui venait assister à ce spectacle : des gens sales, déguenillés et d'un visage sinistre, qui erraient sur ces terrains imprégnés de sang, où ils avaient probablement vu supplicier déjà nombre de leurs compagnons et peut-être de leurs complices.

« Peu de temps après, le roulement du tam-tam nous annonça l'arrivée de tout le cortége. Des mandarins de tous les grades, au globule rouge, blanc, bleu ou jaune, à cheval ou portés dans des palanquins, et suivis de leur escorte de musiciens, de sbires et de porte-étendards, mirent pied à terre à peu de distance du champ d'exécution. Contrairement à leurs habitudes cérémonieuses, ils vinrent se ranger silencieusement dans la sinistre enceinte.

« Alors arrivèrent les condamnés ; ils étaient cinquante-trois, enfermés chacun dans un panier, les mains liées derrière le dos, les jambes enchaînées, portant suspendue au cou une planchette sur laquelle était écrite leur sentence. Vous avez rencontré souvent dans les rues chinoises deux coulis portant enfermés entre des claies de bambou des porcs couchés tout de leur long ; eh bien ! substituez par la pensée des créatures humaines à l'animal immonde, et vous aurez une idée des cinquante-trois malheureux ainsi voiturés. Quand on eut déposé ces cages à terre, on les ouvrit et on les vida comme s'il se fût agi de déposer un porc dans la boutique d'un boucher. J'examinai avec attention les infortunés : c'étaient des gens des dernières classes du peuple ; ils étaient décharnés par la faim et ressemblaient bien plus à des squelettes qu'à des êtres vivants. On voyait qu'ils avaient souffert la plus affreuse misère ; leurs vêtements étaient des loques hideuses. Ils portaient les cheveux longs, et la queue en désordre, attachée au sommet de la tête, avait été coupée au tiers de sa longueur ordinaire. Évidemment ils avaient fait partie des bandes insurgées, lesquelles ont adopté la mode des Ming et laissent croître toute leur chevelure.

« Plusieurs de ces malheureux étaient fort jeunes; quelques-uns n'avaient pas seize ans, d'autres avaient les cheveux gris. A peine furent-ils jetés à terre pêle-mêle, qu'on les fit mettre à genoux. Mais la plupart étaient tellement exténués par la souffrance, qu'ils ne pouvaient se soutenir ainsi accroupis; ils roulaient dans la boue. Alors un valet de bourreau les relevait et les maintenait agenouillés. Lorsqu'ils furent ainsi disposés les uns auprès des autres, trois bourreaux se placèrent derrière cette file, attendant le moment de l'exécution. Vous vous souvenez sans doute de ces horribles figures que nous avons vues souvent ensemble dans le cortége du juge criminel de Canton, vêtues d'une blouse rouge, coiffées d'un diadème de cuivre surmonté, au-dessus des oreilles, de deux longues plumes de faisan à médaillons. Eh bien! ce sont ces êtres sinistres qui attendaient un coutelas à la main. Ces énormes couteaux ont environ deux pieds de long; le dos de la lame est large de deux doigts : c'est une arme pesante, ayant la forme des rasoirs chinois et grossièrement emmanchée dans un morceau de bois.

« Alors on introduisit dans l'enceinte le mandarin qui fermait le cortége : c'était un globule blanc; il tenait en main une planche sur laquelle était écrit l'ordre d'exécution. Dès que cet homme parut, l'affreuse besogne commença. Des valets de bourreau, vêtus d'une longue robe noire, coiffés d'une espèce de treillis en fer, saisirent par derrière les condamnés, et, passant les bras sous les aisselles de chaque victime, ils leur firent exécuter un mouvement de bascule qui la forçait à allonger le cou. Le bourreau était devant elle, tenant son couteau à deux mains; il appuyait avec force l'instrument tranchant, désarticulait avec une adresse et une prestesse incroyable les vertèbres cervicales, et tranchait d'un seul coup la tête du patient. Jamais le terrible exécuteur n'était forcé d'y revenir, et, si quelque lambeau de chair n'était pas entièrement coupé, le poids suffisait pour le déchirer, et la tête roulait immédiatement sur le sol. Aussitôt un aide renversait d'un coup de pied le supplicié, dont le cadavre serait resté agenouillé si on ne l'eût jeté par terre. Après trois ou quatre décapitations, le bourreau changeait d'instrument : le tranchant de la lame paraissait tordu et comme ondulé. Le supplice de ces cinquante-trois malheureux ne dura que quelques minutes.

« Dès que la dernière tête fut tombée, les mandarins se retirèrent silencieusement comme ils étaient venus. En voyant les plus hauts fonctionnaires de la province assister au supplice de ces malheureux, je fus frappé de cette réflexion que, chez tous les peuples et dans tous les pays, on a, chose horrible! élevé l'échafaud politique au lieu de le rabaisser. Après le départ des mandarins, les bourreaux ramassèrent toutes les têtes et les jetèrent dans une caisse apportée à cet effet. En même temps, les valets enlevèrent les chaînes aux suppliciés étendus dans une boue de sang. Les têtes furent emportées; quant aux corps, on les laissa sur place.

« Une scène lamentable commença alors : une bande de femmes échevelées arrivèrent en hurlant et se précipitèrent en désordre sur le lieu de l'exécution. Les malheureuses cherchaient à reconnaître parmi ces cadavres sans tête leur père, leur mari, leur fils. C'était une chose affreuse de les voir courir çà et là, hésitant et se trompant au milieu de ces restes mutilés. Cette recherche continua toute la journée avec un lugubre vacarme, les chants funèbres se mêlant aux cris et aux sanglots. Les femmes ne cessaient de répéter cette espèce de psalmodie qui est commune à toutes les cérémonies funèbres, et qui date d'une époque très-reculée, car elle fut composée, dit-on, du temps des Han. C'est une sorte de rhythme plaintif où reviennent toujours les mêmes paroles : « O calamité! ô désespoir!... Mon « bonheur est fini pour toujours!... Votre bonté « n'adoucira plus mes amertumes! Seule et délais-

« sée de tous, je n'ai plus qu'à pleurer et à mourir
« sur vos cendres!... » etc.

« A ces détails, que j'ai vus de mes yeux, je dois en ajouter quelques autres qui m'ont été donnés par des Chinois. Lorsque les condamnés sortirent de la prison, l'on donna à chacun un gâteau à manger : c'était un de ces pâtés cuits à la vapeur et remplis de confitures ou de viande hachée que vous avez vus figurer souvent sur la table des mandarins. Je demandai la raison de cet usage, et l'on me répondit qu'on remplissait l'estomac des condamnés pour deux raisons : d'abord pour empêcher que l'effusion du sang ne fût trop abondante, et, en second lieu, afin que l'âme, affamée par une trop longue abstinence, ne tourmentât pas ceux qui venaient de la séparer violemment de son enveloppe mortelle. Je vous donne cette explication pour ne rien omettre ; mais voici un détail qui a son prix ; il m'a été fourni par un lettré placé à côté de moi pendant cet affreux spectacle. « L'exécution, me dit-il, n'a
« pas été faite dans toutes les règles. Ordinairement
« on amène le coupable devant une espèce d'autel
« formé avec des pierres apportées des dix-huit pro-
« vinces. On élève cet autel expiatoire la veille du
« supplice, et, lorsque tout est fini, on le démonte.
« Cet usage est excellent : il inspire au coupable plus
« de repentir et de remords, parce qu'il lui semble
« qu'il subit ainsi la peine de son crime devant tous
« les habitants de l'empire. »

Ce n'est pas seulement avec ces moyens de répression que les mandarins tâchent d'arrêter le mouvement insurrectionnel : ils essayent de tourner la cause des rebelles en dérision en répandant parmi le peuple des pamphlets remplis d'anecdotes incroyables. On raconte, par exemple, dans une de ces productions satiriques, que Tièn-té étant mort dans l'incendie fortuit de son camp, sa femme s'est emparée du gouvernement après avoir fait assassiner le frère de son mari. Or, en Chine, on n'admet pas que le sceptre puisse tomber en quenouille, et on n'y parle qu'avec horreur de l'impératrice Ou-heou, cette Élisabeth de l'Orient, qui parvint à saisir le pouvoir impérial et à le garder pendant plus de vingt ans. Les Chinois ont, à cet égard, des préjugés tellement invincibles, qu'ils ont même effacé le nom de l'impératrice Ou-heou de la liste des souverains qui ont gouverné le Céleste empire ; pour eux, ce règne honteux n'a pas existé ! L'idée du pouvoir souverain aux mains d'une femme les remplit d'indignation ; pourtant ils savent qu'une femme règne sur ce peuple de l'Occident qui les a vaincus, et que jamais la nation anglaise ne fut plus grande et plus glorieuse que sous le gouvernement de Sa Très-Gracieuse Majesté la reine Victoria.

Le gouvernement ne tarde pas à faire un appel nouveau à la bourse des habitants de Canton ; par un décret impérial, la *complète abondance* demande à l'opulente cité une somme d'un million de taëls,

Cet emprunt est équitablement réparti de la manière suivante : quatre cent mille taëls à la charge des mandarins et six cent mille pris sur les marchands. Ceux-ci disent qu'en définitive la somme tout entière sera payée par eux, parce que les mandarins sauront bien leur extorquer les quatre cent mille taëls qui leur incombent. Les malheureux se livrent à des considérations politiques on ne peut plus tristes ; mais, après bien des murmures étouffés, ils finissent par vider leur bourse.

Les généraux chargés de réduire l'insurrection ont grand besoin de numéraire ; le vice-roi des deux Kouang, notre intrépide Siu, continue à n'employer d'autres projectiles que les lingots d'argent. On affirme qu'il est toujours enfermé dans Kao-Tcheou-Fou, et que, bloqué par les rebelles, il leur a fait offrir une somme de trois cent mille taëls s'ils voulaient bien se retirer en lui permettant de sortir de la ville et de s'en aller à Pékin, où il aurait la satisfaction d'annoncer lui-même à l'empereur qu'il a pacifié le Kouang-Si. Mais les rebelles ne tiennent point compte de ses propositions ; ils sont sourds comme les dieux de leur pagode, et vont toujours en avant.

Après s'être emparés, comme nous l'avons dit, de Ping-Lo-Fou, et de Young-Gan-Tcheou, ils prennent successivement Ou-Hièn et Tchao-Ping, qui sont situés à l'est et à l'ouest des deux premières villes. A part Kouéï-Lin, la ville de la *merveille isolée*, il n'est pas dans le Kouang-Si une cité, un village, un hameau, qui n'ait subi la loi des rebelles et n'ait adopté le costume des Ming. L'empereur, irrité par ses nouvelles défaites, continue de ranimer à sa manière le courage de ses généraux. Il mande à Saï-chang-ha qu'il ait à reprendre avant quinze jours Young-Gan-Tcheou, faute de quoi les généraux Hiang-ing, Ou-lan-taï et Tièn-san auront la tête tranchée. Cet ordre de vaincre, renouvelé du *Moniteur* de 93, dans lequel certainement Hièn-Foung ne l'a pas lu, ranima singulièrement le zèle des vaillants capitaines, et, le 17 de la 10ᵉ lune, ils se mirent en marche pour reprendre la ville de Young-Gan-Tcheou. Les insurgés ne les attendirent pas; ils vinrent au-devant des troupes impériales, et les attaquèrent d'abord mollement; mais, au milieu de l'action, ils démasquèrent une batterie formidable dont le feu meurtrier balaya les troupes des malheureux mandarins.

La prise de Young-Gan-Tcheou est suivie de celle de Ou-Tcheou-Fou dans la province de Canton. Un témoin oculaire qui a assisté à cette dernière action affirme que les insurgés formaient divers corps de troupes commandés par des chefs indépendants, mais concourant tous au même but, le renversement de la dynastie tartare. Cette assertion est confirmée par la proclamation suivante, qui fut affichée sur les murs de la ville de Young-Gan-Tcheou, et jette un nouveau jour sur l'histoire de l'insurrection. Voici cette pièce importante :

« Sachez, peuple, que la Chine appartient aux descendants de l'ancienne dynastie; ne soyez point effrayés, vous, étudiants, fermiers, artisans et négociants, mais restez ferme chacun à votre ouvrage. La fortune de la dynastie des Han est sur le point de refleurir, et la dynastie étrangère des Mantchoux touche à sa fin : c'est un décret du ciel sur lequel il ne peut y avoir d'illusion. Après une longue union, la division doit s'ensuivre. Afin que les choses puissent être sûrement rétablies en publiant des lois, nos souverains ont manifesté leur bienveillance, et, avant de se prosterner devant l'Être suprême, ils ont toujours porté assistance aux malheureux. Après avoir appris à adorer Dieu, ils se sont efforcés de sauver le peuple des calamités ; ils soutinrent le faible, résistèrent au fort, et préservèrent les villages des voleurs et des brigands. Ils ne firent point comme les chefs Taï-té-ou et autres, qui arrêtèrent les jonques dans les rivières, qui pillèrent partout et massacrèrent les habitants des villes et des campagnes, puis qui demandèrent aux mandarins des passe-ports et des saufs-conduits pour se mettre en sûreté. Lorsque nos princes entrèrent dans Young-Gan par la volonté du ciel, ils répandirent leur bienveillance sur tout le monde, et, regardant le peuple comme leurs enfants, ils ordonnèrent à l'armée de s'abstenir de meurtre et de rien prendre sans permission; ils sont justes et impartiaux comme la balance; mais, si quelqu'un refuse d'obéir, il sera livré aux officiers de l'armée. Nos princes invitent les habitants de tous les districts à se rendre, afin de mériter la récompense qu'on accordera à leur concours volontaire. Ils attendent maintenant d'être rejoints par les chefs des autres provinces pour réunir leurs troupes et aller attaquer la capitale de Pékin ; après quoi ils procéderont à la division de l'empire. »

Cette proclamation, quant aux idées politiques, est la paraphrase de celle de Tièn-tè que nous n'avons pas citée en entier. Une idée y prédomine : c'est celle du fractionnement de l'empire. Ces hommes ont compris que les contrées si diverses dont se compose cet immense empire de la Chine, situées à des distances énormes les unes des autres, et par cela même de mœurs différentes, ne pouvaient rester soumises aux mêmes lois. On peut bien décréter qu'un code unique régira les peuples du Nord et les peuples du Midi ; mais l'esprit humain proteste contre cette assimilation. Un vaste empire ne saurait rester libre et aggloméré qu'à la condition de se fédéraliser. Aussi, dans cette circonstance, bien que Tièn-tè soit à Young-Gan-Tcheou, ce n'est pas lui qui prend la parole : c'est un des rois feudataires à venir. La proclamation n'est pas datée de la deuxième année de Tièn-tè, mais de la première année de Tièn-kio.

Ce document ne nous révèle pas seulement les intentions des chefs : il nous initie en quelque sorte à leurs projets; il nous dit de quelle manière ils comptent s'emparer de la suprême autorité. Ces hommes habiles s'inquiètent en réalité fort peu des pays qu'ils traversent et de la soumission des provinces et des départements, bien qu'ils engagent les habitants à se soumettre; ils connaissent parfaitement le côté vulnérable du pouvoir qu'ils attaquent, et vont droit vers ce but. Les chefs, disent-ils, attendent maintenant d'être rejoints par les chefs des autres provinces, afin de marcher avec toutes les forces réunies et de prendre la ville de Pékin; après quoi ils procéderont à la division de l'empire, c'est-à-dire qu'ils savent que, Pékin une fois en leur pouvoir, ils sont sûrs du reste de l'empire. L'empereur se réfugiera-t-il dans une des villes de la frontière tartare pour reconquérir de là son trône?

En voyant un plan si bien conçu, on se demande comment il a été si sagement et si patiemment élaboré. On se demande comment ces chefs qui signent du nom de roi sont acceptés sans protestation par leurs armées nombreuses et quelle sanction a reçue leur autorité. Tout a été, à notre sens, admirablement conduit dans cette affaire, depuis le premier mouvement de Kouang-Si, ballon d'essai que les rebelles lancèrent pour juger des forces sur lesquelles s'appuyait le pouvoir miné des Tsing, jusqu'à la proclamation de Tièn-tè. Cette proclamation a été un acte inspiré par une sagesse profonde : à ces peuples accoutumés depuis des siècles au régime impérial, c'est-à-dire à l'autorité infaillible d'un chef, il ne fallait pas révéler tout d'un coup le projet de fonder un empire fédéralisé. Les lettrés seuls étaient capables de comprendre cette conception, trop élevée pour l'intelligence du vulgaire. Il fallait donc avant tout montrer que l'édifice futur avait, lui aussi, comme l'édifice actuel, sa clef de voûte. C'est dans le silence et dans l'ombre des sociétés secrètes que ce plan a été conçu. Depuis le renversement des Ming et l'introduction des Mantchoux, ces associations clandestines, laboratoire intellectuel des contrées tombant en décadence, n'ont cessé de fonctionner. La plus célèbre de ces sociétés secrètes, la Société des trois principes ou de la Triade, a une organisation puissante. Partout en Chine et dans toutes les contrées où émigrent les Chinois, on trouve des membres de cette association, et les enfants de l'Empire du milieu pourraient presque dire sans exagération : « Dès que nous sommes trois réunis, la Triade est parmi nous. »

Mais dans la forme de la proclamation de Tiènkio, on reconnaît qu'un élément nouveau, un élément régénérateur, a pénétré dans les sombres asiles où s'élaboraient les projets d'indépendance nationale : c'est l'élément chrétien. Les auteurs de la proclamation de Young-Gan-Tcheou parlent de *décrets du ciel. Ils se sont prosternés devant l'Être suprême après avoir appris à adorer Dieu. Ils se sont efforcés de sauver le peuple des calamités.* Ce sont là des formules inconnues aux Chinois idolâtres et étrangères au langage catholique; c'est au protestantisme que revient l'honneur de les avoir introduites en Chine, et, ainsi qu'on l'a dit, il paraît que réellement, parmi les insurgés, un protestant indigène occupe un rang très-élevé et exerce une autorité très-grande. Ce protestant est, assure-t-on, un disciple de Gutzlaff, le dernier secrétaire-interprète du gouvernement de Hong-Kong.

M. Gutzlaff est mort depuis quelques années. Il était né en Poméranie et avait quitté son pays fort jeune : aussi ne ressemblait-il pas du tout à ces blonds enfants de l'Allemagne, dont la bière entretient la fraîche carnation. C'était un homme intelligent, doué d'une très-grande aptitude pour les langues; à peine passait-il dans un pays qu'il parlait presque immédiatement l'idiome des populations au milieu desquelles il se trouvait. Au début de ses pérégrinations, il avait été missionnaire luthérien, ensuite il s'était mis au service des sociétés bibliques, et, en dernier lieu, sa grande habitude de la langue chinoise lui avait valu la place de premier interprète du gouvernement anglais, position à laquelle étaient attachés de magnifiques appointements. S'il fallait en croire quelques personnes peu bienveillantes, le révérend docteur Gutzlaff aurait voyagé longtemps le livre sacré d'une main et une mesure de l'autre, distribuant des bibles et vendant du drap au plus juste prix, et il aurait parcouru ainsi Java, Siam, les îles de l'Archipel de Tchou-San, quelques îlots voisins de la Corée et du Japon. Quoi qu'il en soit, il nous a laissé des relations de ses voyages dans lesquelles un peu de vérité se mêle aux plus agréables mensonges, mais qui, somme toute, sont intéressantes à lire.

M. Gutzlaff avait su inspirer aux populations chinoises la plus grande confiance ; il était d'une taille moyenne et convenablement gras ; son œil, fortement bridé, rayonnait à fleur de l'orbite sous une paupière épaisse ombragée par des sourcils longs, noirs et touffus. Son visage, aux traits arrondis et au teint quelque peu olivâtre, rappelait le pamplemousse près de sa maturité, ou, si on aime mieux, cette variété de la race humaine qu'on désigne sous le nom de race mongole. Sous ses habits chinois, il ressemblait si parfaitement aux indigènes, qu'il aurait pu parcourir sans être reconnu les rues de la ville murée de Canton.

Un soir, pendant notre séjour en Chine, nous parlions de lui avec le mandarin Pan-se-tchèn, lequel l'avait pris en grande amitié, et l'un de nous témoigna son étonnement de trouver chez un Européen les signes caractéristiques de la race chinoise. Alors le mandarin répondit tranquillement :

— Mais rien n'est plus naturel : le père de Gutzlaff était un Fokienois établi en Allemagne.

Le fait nous paraît tellement extraordinaire, que

nous hésiterions à le mentionner ici, si Pan n'eût affirmé le tenir de M. Gutzlaff lui-même.

Quoi qu'il en soit de son origine plus ou moins chinoise, M. Gutzlaff savait entrer parfaitement dans les idées de ces populations tout à la fois sensuelles et mystiques, et il fonda dans l'Empire du milieu, sous le nom d'Union chinoise (Chinese-Union), une espèce de société secrète ayant pour but la conversion au christianisme des Chinois par les Chinois. Lorsqu'on apprit que sur différents points les rebelles avaient brûlé les statues bouddhiques et renversé les pagodes, on pensa d'abord que quelques légions catholiques étaient mêlées aux rebelles; mais, plus tard, les divers journaux anglo-chinois publièrent que c'était un disciple de l'insinuant missionnaire protestant qui était le chef de cette bande de partisans, dont le zèle se signale par la destruction des monuments idolâtres. Plus tard, peut-être, nous saurons le nom de cet iconoclaste dont nous venons de constater l'influence caractéristique dans le document important que nous avons livré à l'appréciation de nos lecteurs.

CHAPITRE XIII.

DÉCRET SUR LA PRISE DE OU-TCHANG. — EMPOISONNEMENT DE SIU. — SUPPLIQUE DES CHINOIS AUX EUROPÉENS.

Lorsque la nouvelle de la prise de Ou-Tchang-Fou, capitale du Hou-Pé, commença à se répandre, les mandarins et les Européens eux-mêmes déclarèrent que le fait était faux ; mais bientôt une proclamation de l'empereur vint donner un triste démenti à leur incrédulité. Hèin-foung annonce à son peuple la récente victoire de ses ennemis et l'explique à sa manière. Ce document est une preuve affligeante de l'ignorance du jeune empereur ; on y voit évidemment que son instruction militaire n'est pas supérieure à celle de ses généraux. Voici ce curieux spécimen des connaissances stratégiques du Fils du ciel.

« Aujourd'hui (29 janvier) est arrivée une dépêche du commissaire Siu annonçant que les rebelles se sont emparés de la ville provinciale de Ou-Tchang (capitale du Hou-Pé). Nous ne pouvons exprimer toute notre indignation ! Le général Hiang-young s'est battu avec les rebelles à l'est de la ville et a été victorieux ; mais, l'ouest de la ville étant de niveau avec le lac, et la porte Ouang-Tchang et autres se trouvant près du grand fleuve, les rebelles en prirent avantage, et, au moyen d'une mine souterraine qui fit explosion le 4 de cette lune (12 janvier), ils dispersèrent la garnison et prirent possession de la ville.

« Dans un mémoire précédent, Siu disait que Ou-Tchang était en état de soutenir un siége ; et voilà que peu de jours après, il nous annonce que Ou-Tchang a été pris par les rebelles ! Ne sait-il pas qu'en matière de guerre il y a une grande différence entre les choses qui peuvent être différées et celles qui exigent une action immédiate ? Son mémoire est comme les pensées d'un homme qui rêve. Entre Tchang-Cha et le Hou-Pé, Siu s'est amusé en route. Le commandant en chef Hiang-young, quoique arrivé à temps pour remporter une victoire, ne put cependant pas attaquer en même temps la forte position des rebelles, et les mettre dans une complète déroute. Lui aussi est lent dans le service et n'est pas plus excusable que son collègue. Voici le moment d'extirper les rebelles : si nous livrions au supplice le commissaire Siu et le général Hiang-young, nous ne ferions que les tirer d'embarras ; par conséquent, la dignité de gouverneur général des deux Kouang, et la plume de paon à deux yeux sont enlevées à Siu, mais il gardera les fonctions de haut commissaire et de gouverneur intérimaire des deux Kouang. Le général Hiang-young est dégradé, mais il continuera de remplir ses fonctions, jusqu'à ce qu'il fasse preuve de nouveaux mérites.

« La ville provinciale de Ou-Tchang est la résidence du gouverneur et des autres grands mandarins ; avec quelle promptitude a-t-elle été prise par les rebelles, et combien nous ressentons les calamités qu'elle endure !

« Nous regrettons de n'avoir pas employé les personnages qu'il fallait, et que notre peuple n'ait pas été délivré de cette horde méchante. Les troubles du Sud ne nous laissent aucun repos la nuit et nous ôtent l'envie de manger. Nous avons déjà nommé hauts commissaires le gouverneur général des deux Kiang, et Ki-chan, chacun d'eux conduisant une forte armée pour l'extermination des rebelles. Le gouverneur du Chen-Si et du Kan-Sou, et le gouverneur général du Se-Tchouan, ont reçu l'ordre de combiner leurs forces et d'aller au Hou-Kouang exterminer les rebelles. Nous leur ordonnons d'agir dans un parfait accord, de ne pas laisser ravager le territoire par les rebelles et de rendre la paix au pays. Que leurs opérations ne soient pas lentes, et qu'ils n'épargnent personnellement aucune peine.

« Quant aux autorités de la ville provinciale de Ou-Tchang, nous chargeons Siu de nous soumettre un récit véritable de tout ce qui les concerne.

« Obéissez à ceci. »

La *Gazette officielle* qui contenait cette pièce

donne également un décret par lequel le jeune empereur appelle sous les drapeaux les troupes du Kirin et de l'Amour. Ces soldats appartiennent aux populations nomades, qui vivent sous la tente et dont l'existence est en quelque sorte une marche perpétuelle. Comme les armées en campagne, elles traînent après elles leurs subsistances, s'établissent selon les nécessités du moment, et lèvent le camp au premier ordre des chefs. Leurs mœurs ont été décrites, dans un ouvrage fort intéressant, par MM. Huc et Gabet; tout le monde aujourd'hui a lu le *Voyage au Thibet;* aussi nous abstenons-nous d'esquisser, même rapidement, la physionomie des tribus errantes visitées par les deux voyageurs.

Après avoir fait appel à la bravoure de ses plus intrépides sujets, le jeune empereur terminait sa proclamation par cette peinture effrayante des maux que la rébellion a déjà produits :

« Depuis que l'armée a été mise en mouvement, des années se sont déjà écoulées. Les districts affligés du Kouang-Si ne se sont pas relevés et le Hou-Nan a été réduit en cendres. Tout récemment l'esprit de rébellion a éclaté en flammes et le désordre a gagné Ou-Tchang et Han-Yang. Les districts par lesquels l'insurrection a passé ont été foulés aux pieds; et quoique les capitales de Kouëi-Lin et de Tchang-Cha aient été préservées, les souffrances de ceux de mon peuple qui ont été chassés de leurs foyers sont au-dessus de toute expression. »

A la réception de ces pièces, les autorités du Kiang-Nan et du Kiang-Si furent frappées de terreur. Toutes les villes furent mises sur le pied de guerre ; on démolit les maisons qui avoisinaient les remparts et l'on se prépara à une vigoureuse défense. En même temps on fit marcher sur Nankin toutes les troupes qui étaient encore disponibles dans le nord et dans le sud de l'empire, et toutes les villes de quelque importance firent des levées en masse. C'est dans de pareilles circonstances qu'on peut se convaincre du peu de ressources militaires que possède la Chine ! A Chang-Haï, par exemple, l'un des ports ouverts aux Européens, il ne fut pas possible au mandarin commandant les troupes de réunir plus de cent soldats réguliers et de cent volontaires. Cette ville cependant renferme plus de deux cent mille habitants et elle a une population flottante considérable, entièrement composée de matelots du Fo-Kien, de la Cochinchine et du Kouang-Toung, tous gens de sac et de corde et prêts à tout entreprendre. A vrai dire, il est très-probable que ces bandes de coquins se proposent d'entrer en campagne dans des circonstances plus avantageuses.

Pour donner une idée de la moralité des populations maritimes de Chang-Haï, nous allons citer un fait dont nous avons été témoins. Une grande et belle rivière, le Ou-Soung, passe sous les murs de la ville, qui sont en quelque sorte cachés derrière une véritable forêt de mâts. Un jour, montés dans un canot européen, nous voguions au milieu de cette multitude d'embarcations, admirant le mouvement commercial de ce port, lorsque nous vîmes tomber d'une barque, qui descendait le courant, secondée par une bonne brise, une énorme pièce de bois. Aussitôt une barque se détacha de la rive et fondit comme un trait sur cette épave, tandis que ceux de l'autre barque pliaient leur voile et ramaient de toutes leurs forces pour atteindre au passage leur pièce de bois ; mais les sauveteurs s'en saisirent avant que le flot l'eût mise à portée de ses légitimes propriétaires. Alors s'éleva un conflit dans lequel ceux-ci n'auraient pas eu l'avantage ; on transigea, et l'objet en litige fut restitué moyennant une certaine somme. Comme nous témoignions notre indignation de cet acte de piraterie commis en plein soleil, on nous montra sur les deux rives du Ou-Soung une infinité de barques semblables à celle qui venait de faire le coup, et un Anglais nous dit :

« Ce sont des marins de Fo-Kien qui se tiennent là à l'affût toute la journée, examinant avec soin les embarcations petites ou grandes, et calculant par quel moyen ils pourront soustraire quelque chose de leur cargaison. Ce métier est fort lucratif, et, bon an mal an, ces voleurs gagnent largement leur vie sans courir aucun danger.

— Mais comment les Chinois ne font-ils pas la chasse à ces forbans ? Quelques fast-boats et une centaine de soldats suffiraient pour cela,

— Ce serait pis encore, nous répondit-on ; les soldats se mettraient certainement d'accord avec les voleurs. Les gens paisibles seraient doublement dépouillés, et voilà tout. »

Rien n'est plus vrai ; les Chinois, qui estiment peu le métier des armes, payent fort mal les services militaires, et ceux qui embrassent cette profession, presque tous nés dans les provinces centrales, sont ordinairement des désespérés qui n'ont d'autre alternative que d'endosser la casaque rouge ou d'aller rançonner les passants sur les grands chemins, c'est-à-dire sur les canaux et les rivières. Les Chinois qui ont des rapports avec les Européens comprennent si bien leur infériorité militaire, que les habitants de Chang-Haï, les habitants très-riches s'entend, ont levé des corps francs pour défendre leurs biens et leur personne. Mais, d'après les éléments dont se composent ces troupes, il est à craindre que, lorsqu'elles seront bien organisées, elles ne servent de corps de réserve aux insurgés.

Depuis que les perturbations sociales ont commencé, les pirates ont reparu sur les côtes des provinces méridionales et même au cœur du Yang-Tze-Kiang. Les mandarins, désespérant de pouvoir les combattre au moyen de la marine impériale, ont pris à leur solde un certain nombre de *lorcha* portugaises et les ont chargées d'exterminer leurs ennemis. Ce sont les *Filhos de Macao*, les descendants des héroïques aventuriers du quinzième siècle, qui ont pris à forfait la destruction des forbans. Les sujets chino-portugais de S. M. la reine Dona Maria font la police sur les côtes de la Chine, un peu à la manière de ces braves aventuriers qui, dans les grandes guerres d'Italie, vendaient leurs services, tantôt au pape, tantôt à l'empereur. Aux yeux des Chinois, ces pauvres navires portugais, mal armés, servis par des matelots inhabiles, sont de formidables machines de guerre. Il est vrai que les marins de Macao font voile à peu près par tous les temps, tandis que les marins chinois ont pour habitude de ne lever l'ancre que par une mer tranquille et un vent favorable. A cet égard, nous trouvons dans le *Moniteur de Pékin* un rapport de l'amiral du Fo-Kien d'une naïveté réjouissante. Ce commandant des forces navales expose à l'empereur qu'il a été dénoncé par le gouverneur et le sous-gouverneur de sa province comme ayant négligé de pourchasser les pirates, et il s'excuse ainsi : « La mer était alors si irritée et le vent si violent, que des hommes de rapine pouvaient seuls faire voile. Il aurait fallu n'avoir aucun soin de sa propre conservation pour oser les poursuivre sur l'Océan ! » L'empereur eut le mauvais goût de dégrader ce prudent amiral.

Peu de temps après l'insertion dans le *Moniteur de Pékin* du décret qui annonçait la prise de Ou-Tchang-Fou, une sinistre nouvelle se répandit à Canton; l'on affirma que Siu, désespéré d'avoir subi une nouvelle disgrâce, s'était empoisonné. Mais le fait était raconté avec des circonstances propres à nous rassurer sur les suites de cet acte de désespoir ; on disait qu'il s'était empoisonné avec des feuilles d'or ! Voici le mot de cette histoire :

La science des toxicologues chinois vaut la science militaire des généraux de l'armée impériale. Lorsqu'un grand personnage veut se donner la mort, il prend une once d'or en feuille, il fait une boule avec les carrés presque impondérables du métal battu, et avale ensuite la précieuse pilule. D'après les physiologistes du Céleste empire, ces boules, une fois dans l'estomac, se déplient d'elles-mêmes et tapissent les parois de l'organe comme si on les appliquait avec la main. L'estomac, ainsi doré, cesse de fonctionner, et le malheureux mandarin meurt suffoqué, après quelques heures de somnolence.

Voilà un procédé que nous recommandons aux sybarites désespérés !

Cependant l'empereur appesantit de nouveau sa main sur les fonctionnaires. Le mandarin de Chang-Nan est dégradé pour n'avoir pas veillé à la défense de la ville qu'il administrait. Le major général et le colonel de Pao-Cheou dans le Hou-Kouang, ont la tête tranchée pour ne s'être pas trouvés à leur poste le jour du combat. Ki-chan est envoyé en qualité de commissaire impérial dans les deux Kouang, et Ki-in, notre ancienne connaissance, est chargé d'une mission spéciale dans le Kiang-Si. On lui a donné pour adjoint notre ami Houang-gan-toung.

En trouvant ces noms dans la *Gazette officielle de Pékin*, nous faisons des vœux bien ardents pour ces deux diplomates. Ce sont des hommes loyaux, honnêtes, autant du moins que peuvent l'être des Chinois. Dans un pays de corruption administrative et d'ombrageuse tyrannie, ils n'ont subi jusqu'à présent que de passagères disgrâces; puissent-ils se maintenir aujourd'hui dans les périlleux honneurs dont ils sont environnés!

De temps à autre, le journal enregistre quelques actes de patriotisme et de dévouement. Quelques mandarins gorgés de richesses font la part du feu, et abandonnent quelques bribes de leurs dilapidations au trésor public. Dans le numéro du mois de mars, nous lisons que le sous-gouverneur du Kiang-Si et le commandant en chef des troupes du Je-Hol ont déposé sur l'autel de la patrie, comme on disait jadis, chacun trois mille taels, et qu'un Tao-Taï du Kouang-Si a imité leur exemple, en versant à son tour dix mille taels. Mais ces dévouements trouvent peu d'imitateurs; évidemment cette corde ne vibre pas dans le sein des masses; et au milieu des hésitations qui précèdent toutes les révolutions, on comprend que les sympathies réelles du plus grand nombre ne sont pas en faveur de l'empereur mantchou. Les gouvernants ont la conscience de cet abandon de la nation; et, au lieu de chercher à surexciter le patriotisme barbare de leurs compatriotes, comme ils l'ont fait lors de la guerre contre les Anglais, ils tournent les yeux vers l'étranger. Hièn-foung, comme Ferdinand d'Espagne, demande à un autre peuple de raffermir sa couronne. Le vieux despotisme asiatique en appelle à la magnanimité de l'Angleterre et des Etats-Unis. Voici la supplique adressée par le Tao-Taï de Chang-Haï à tous les représentants des nations chrétiennes qui résident dans les ports de la Chine ouverts au commerce européen :

« Ou, nommé par l'empereur juge provincial, intendant de Sou-Tcheou, Soung-Kiang, Taï-Tsing, etc., envoie cette notification.

« Moi, intendant, viens de recevoir une dépêche du gouverneur en réponse à un exposé que je lui avais envoyé. J'avais dit dans ma lettre que les bateaux à vapeur de guerre de votre honorable nation n'étaient point arrivés à Chang-Haï, mais qu'on les y attendait dans les premiers dix jours de cette lune. Je disais également qu'il n'y avait de stationné à Chang-Haï qu'un seul navire de guerre de la grande nation anglaise, ce qui ne serait pas suffisant pour réprimer et exterminer les rebelles. A tout cela, le gouverneur répondit ainsi qu'il suit :

« Il paraît que les rebelles sont déjà arrivés à Kiu-King et à Ngan-King (capitale du Ngan-Houeï), et qu'ils se sont répandus dans différentes directions, portant le trouble et le désordre partout sur leur passage. Tous les navires marchands mouillés devant les villes et les marchés le long des rives du

Yang-Tze-Kiang sont tombés au pouvoir des rebelles, et, quoique leurs forces aient été attaquées par notre grande armée venue du Hou-Nan et du Kiang-Si, le corps principal des rebelles est parvenu, en s'embarquant sur ses navires, à se frayer une route vers l'Est. Nos troupes, à la vérité, ont entravé leur marche sur différents points, mais, vu la largeur de la rivière, elles n'ont pu les arrêter tout à fait. Notre grande armée, venant de différents pays par la voie de terre, ne peut être réunie instantanément, et nos navires de guerre ne purent pas suivre de près l'ennemi et empêcher ses progrès, de telle façon que les forces rebelles sont devenues de plus en plus audacieuses et indomptables. Les lorchas, envoyées par l'intendant de Chang-Haï, quoique heureuses dans plusieurs rencontres, ne purent résister à l'ennemi à cause de leur petit nombre, de façon que des navires rebelles sont arrivés devant Nankin, et la ville est dans le plus grand danger. Si nous ne les attaquons pas au premier moment de leur arrivée, nous éprouverons de la difficulté à les empêcher à se répandre dans toutes les directions. Que l'intendant se consulte de nouveau avec les consuls des différentes nations, et qu'il demande immédiatement que le navire de guerre, actuellement mouillé à Chang-Haï (c'était le vapeur anglais *Lily*), soit envoyé attaquer les rebelles, et qu'il demande ensuite que les navires de guerre à vapeur dont l'arrivée successive est attendue se réunissent et exterminent ces bandits.

faisant ainsi disparaître ces détestables ennemis de l'empire chinois. S'ils font cela, non-seulement Sa Majesté l'empereur sera sensible au service rendu, mais les mandarins et le peuple leur seront reconnaissants pour le bienfait; et, lorsque tout le monde jouira simultanément de la paix et de la tranquillité, ils se procureront des avantages mutuels en suivant sans trouble leurs différentes occupations. Mais si nous devons attendre que la grande armée avance vers l'Est pour se réunir dans l'extermination des rebelles, le secours sera trop tardif pour l'urgence. Que, par conséquent, ledit intendant mette la plus grande promptitude à faire ses arrangements, car j'en attends le résultat avec la plus grande anxiété. J'aurai soin également d'écrire sur ce sujet aux plénipotentiaires des différentes nations. »

« Dès que la dépêche ci-dessus m'est parvenue, je considérai que les provinces de Hou-Nan, Hou-Pé, Kiang-Si, Ngan-Houeï et Kiang-Nan, sont des pays qui ont des rapports commerciaux avec Chang-Haï; mais depuis que les rebelles du Kouang-Si se sont répandus dans le Hou-Nan, voici déjà une année, et que de là ils ont envahi le Hou-Pé, Han-Keou et plusieurs autres places importantes pour le commerce, ont été tellement troublées, que les négociants furent arrêtés dans leurs transactions et qu'ils n'osèrent plus rien entreprendre. Maintenant, les rebelles dirigent leur marche vers l'Est, en descendant le cours du Kiang, et projettent de porter le désordre à Nankin; si on ne leur coupe promptement le chemin, c'en sera fait du commerce.

« D'après la dépêche précitée que je viens de recevoir du gouverneur, il est de mon devoir d'en informer l'honorable consul, en vous priant d'examiner la chose, et de faire que les navires de guerre arrivés à Chang-Haï, conjointement avec celui qui est stationné ici pour la défense du port, aillent immédiatement à Nankin, et agissent de concert avec les lorchas qui s'y trouvent déjà, employant leurs forces réunies à attaquer les rebelles, et jurant d'exterminer ces affreux bandits, de manière à satisfaire les sentiments du peuple, et à favoriser les relations commerciales. Je demande aussi que l'honorable consul écrive pour hâter l'arrivée des navires de guerre attendus, afin qu'ils remontent successivement à Nankin, balayent ces vagabonds de la face de la terre, et donnent la tranquillité à tout le pays. Les autorités et le peuple de la Chine vous auront une grande obligation, et moi, intendant, vous serai extrêmement obligé aussi. Je vous prie instamment de donner promptement cours à cette affaire.

« Communication importante. Le 7 de la 2e lune de la 1re année de Hièn-foung (16 mars 1853). »

Il y a peu de jours encore que l'empereur Hièn-foung, dans une pièce officielle que nous avons citée au chapitre précédent, appelait les Anglais des barbares; aujourd'hui ses mandataires s'adressent poliment aux représentants et aux *honorables* consuls de la *grande* nation britannique ! Malgré ce changement dans les expressions, on sait que le fond des choses reste le même. Les mandarins terrifiés ne s'adressent pas en suppliants; on dirait, au contraire, qu'ils emploient vis-à-vis des Occidentaux certaines formules de commandement ; ils leur demandent hardiment de se réunir aux lorchas soudoyées ; au lieu de mettre celles-ci sous la direction et les ordres de ceux dont ils sont censés implorer le secours, ils assimilent, en quelque sorte, ces derniers aux condottieri qu'ils ont ramassés, à grand renfort d'argent, dans la presqu'île de Hiang-Chan !

Dès que les plénipotentiaires américains et anglais reçurent cette communication, ils se rendirent à Chang-Haï : ont-ils accédé aux désirs des mandarins, et se sont-ils opposés à la marche des insurgés? Ce n'est pas probable. Mais s'il en était ainsi, le Fils du ciel se figurerait sur-le-champ que les Occidentaux sont au nombre de ses tributaires. Et plus tard Hièn-foung pourrait bien faire une proclamation pour annoncer au monde que ses troupes ont vaincu les rebelles aidés par les nations nouvellement soumises, lesquelles se sont fidèlement conduites en cette circonstance. Les Chinois sont des gens subtils; s'ils s'étaient adressés en suppliants, s'ils avaient imploré l'alliance des nations chrétiennes, ils auraient trouvé dans les King et dans Confucius une foule de maximes pour prouver qu'on se doit entr'aider, que c'est la loi de nature. Mais leur présomption incurable, leur orgueil chronique, ont voulu, à l'aide de phrases amphibologiques donner le change aux populations sur le genre de service qu'ils réclamaient, et faire croire à un acte de vasselage de la part des Occidentaux, s'ils marchaient contre les insurgés.

CHAPITRE XIV.

LES CINQ ROIS. — ORGANISATION DE L'ARMÉE INSURGÉE. — UN MOT SUR NANKIN.

Jusqu'à présent nous n'avons donné aucun détail sur les chefs de l'insurrection et sur l'organisation de l'armée rebelle. Les documents chinois qui nous étaient parvenus ne renfermaient aucune indication précise à cet égard; mais aujourd'hui que les rebelles ont atteint les plus riches provinces de l'empire, le Kiang-Nan et le Kiang-Si, les renseignements nous arrivent en foule.

Nous ne répèterons pas ce que nous avons dit de Tièn-tè d'après les bruits populaires; la renommée nous avait renseigné sur ce personnage, et cette voix ordinairement menteuse se trouve d'accord avec ce que nous apprenons aujourd'hui.

Nous allons faire connaissance avec le général en chef et les quatre rois feudataires ses collègues. Houng-sieou-tsiuèn, qui prend le titre de Taï-ping-wang, ou roi grand pacificateur, est un homme de haute taille, au visage bruni par le soleil, et au regard ardent et assuré. Il a environ quarante ans; déjà sa barbe et ses cheveux sont gris : on le dit animé d'un très-grand courage; quoique son accent révèle une origine cantonnaise, personne ne connaît son véritable nom, et on ne sait dans quel district il est né.

Hiang-tsiou-tsing ou Toung-wang, c'est-à-dire roi de l'Est, est un homme de trente-cinq ans; il est petit, grêle; il est marqué de la petite vérole, et porte des moustaches dont les poils clair-semés se hérissent sur sa lèvre supérieure. Hiang-tsiou-tsing parle avec une excessive facilité; il est accessible à tous ses subordonnés; on ignore quel est son pays; on sait seulement qu'il est marié à la sœur aînée du Taï-ping-wang.

Siao-tcha-kouëï ou Si-wang, le roi de l'Ouest, est l'Achille de cette pléiade de rois; dans toutes les rencontres, il paye bravement de sa personne, se battant toujours au premier rang et dirigeant les troupes avec une précision qui annonce certaines connaissances spéciales. Il est d'une taille élégante, d'une physionomie vive et spirituelle; il est très-jaune, et son visage allongé n'a du type mongole que l'écartement des narines et l'obliquité des yeux;

il ne porte pas de moustaches. Cet homme, un des mieux doués parmi ses frères d'armes, n'a pas plus de trente ans; on le dit marié à la plus jeune sœur du roi pacificateur.

Foung-hièn-san ou Nan-wang, roi du Sud, est un lettré de la province de Canton; il a subi des examens publics, dont il est sorti gradué. Il est âgé de trente-deux ans; on le dit très-aimé de ses compagnons d'études, qui lui accordent de très-grands talents; il ne porte pas de moustaches et ses traits ont encore quelque chose de juvénile; au milieu de la vie agitée des camps, il se renferme autant que possible dans l'isolement pour y vaquer à des occupations littéraires.

Wéi-tching, ou Pè-wang, le roi du Nord, est l'Ajax de l'armée insurrectionnelle. Il est de très-haute taille; il a le teint foncé d'un Malais; les poils noirs de sa moustache se détachent à peine sur sa peau bistrée. Il est âgé seulement de vingt-cinq ans. Sa force physique, son intrépidité, lui ont donné une très-grande position dans l'insurrection : on assure qu'il est natif du Kouang-Si.

Tels sont les cinq rois, dont les armées réunies agissent maintenant de concert. Ils sont tous jeunes et très-décidés à vendre chèrement leur vie en cas de défaite. Un très-grand nombre de fonctionnaires et d'officiers entourent ces chefs souverains. Nous ne mentionnerons que les deux premiers ministres, qui certainement sont destinés à jouer un rôle important si les insurgés atteignent leur but. Le premier ministre, Foung-je-tchang, a trente-sept ans; il est maigre, petit, d'un esprit plein de ruse et fécond en ressources; on sait qu'il est né dans la province de Canton.

Tche-Ta-Kaï, le second ministre, est fort laid; il est très-maigre, son teint est couleur de suie; sur son cou allongé repose une figure osseuse surmontée d'un crâne pointu; c'est un lettré, et on affirme qu'il est l'auteur de la plupart des proclamations qui ont été publiées dans les derniers temps. Cette circonstance ferait supposer que c'est un chang-ti, peut-être un membre de l'union de Gutzlaff. A la suite des ministres, viennent les hauts fonctionnaires de l'armée. On voit dès l'abord que les rois n'ont abusé ni des titres, ni des décorations; ce sont des soldats en campagne qui ne songent pas encore à s'empanacher de titres inutiles.

Les dignitaires sont divisés en trois catégories, et tous prennent le titre d'Excellence. Les dignitaires de la première catégorie portent des écharpes jaunes, et leur chevelure, que les ciseaux n'approchent plus, est cachée sous un mouchoir de soie. Ceux du second ordre portent les écharpes rouges ou vertes, et la pièce d'étoffe qui enveloppe leur tête est de même couleur. Il y a, en outre, un corps de propagandistes qui porte les mêmes insignes rouges et noirs; ceux-ci s'en vont par les villes prêchant la guerre sainte, répandant des écrits insurrectionnels, et recevant le serment des adeptes. Ce serment est ainsi formulé : « Que ceux qui ne sont pas unis de cœur avec nous soient emportés par le canon, ou coupés par tronçons avec l'épée, ou précipités au fond de la mer. »

La proclamation par laquelle ils appellent le peuple à l'insurrection est très-probablement l'œuvre du premier ministre. Voici dans quels termes elle est conçue :

« Le ciel favorise essentiellement la vertu, et tous les hommes possèdent naturellement un certain talent. Dès les temps les plus reculés, on a fait grand cas d'un extérieur convenable, et on a attaché la plus grande importance au cérémonial et à la musique. Mais voici que ces rôdeurs du désert aride, pénétrant dans nos palais, et s'emparant de nos maisons, n'ont point suivi les règles posées par Yao et Chun dans le gouvernement de l'empire, et ont forcé les êtres humains à prendre dans leur personne les apparences d'animaux privés de raison !!! Ceux qui étudient avec soin les œuvres de Confucius et de Mencius arrivent rarement par les examens aux dignités officielles, tandis que ceux qui apportent des arguments pécuniaires obtiennent les postes les plus élevés. Moi, dans le nombre, j'ai tenu mon nom caché jusqu'à présent, imitant le philosophe Tchouang-tze, qui résida à Po-Haï, et le patriote Lieou-chang, qui vécut dans la retraite à Han-Houa, et le sage Heou-yeou, qui déroba ses traces et son nom à Yao, en se cachant à Ko-Chan. Mes ancêtres ont été sujets de la dynastie des Mings, et, durant les deux cents ans qui se sont écoulés depuis sa chute, ils n'ont rien voulu avoir de commun avec la dynastie tartare. Moi-même, n'ayant aucun désir de recevoir des appointements accordés par les Mantchoux, me suis tenu dans la vie privée ; mais vous voyant opprimés par ce gouvernement tyrannique, et remarquant combien les fonctionnaires rapaces et les magistrats corrompus vous écrasent, en dépit de tous les principes d'humanité et de droiture ; observant, en outre, qu'on vous éloigne, vous, peuple, de l'affection mutuelle et de la pratique de la vertu, en poussant les grands et les petits à une émulation continuelle vers le lucre ; considérant enfin que la race aux cheveux noirs n'a personne sur qui elle puisse compter pour sortir de l'oppression où elle gémit ; pour ces causes, j'ai mis en campagne mes braves guerriers, et fourbi mes épées et mes lances ; et, unissant nos efforts dans la défense du droit, nous avons arboré l'étendard de la vertu avec l'intention bien arrêtée de renverser la dynastie et de ne déjeuner qu'après.

« Nous adorons avec respect le Seigneur suprême, afin d'attirer sa protection sur le peuple, et tous nos plans, tous les mouvements de notre armée n'ont qu'un but, celui de détruire les tyrans, à l'imitation de ce qu'ont fait Tching-tang et Ou-wang.

« Mais vous, Tartares, n'ayant ni des conseillers sages, ni des hommes politiques profonds, ni des généraux courageux, ni de bons soldats, vous avez engagé les nobles et les vieillards à enrôler leurs voisins, et avez forcé les braves villageois à s'armer pour votre défense. Chez les anciens, on employait une armée permanente à protéger le peuple ; mais vous, vous astreignez le peuple à devenir soldats.

« Vous vous plaignez souvent de ce qu'on ne vous donne pas assez, et dès que nos troupes avancent le moins du monde, vous abandonnez sans protection le peuple, et êtes les premiers à courir à toutes jambes. Sachez maintenant que nous avons pris la résolution de marcher à l'Est, et que nous avons le pouvoir de faire souffler, quand nous voulons, le vent qui conduit à ces parages. Nous avons en nous l'intelligence et le courage que donne le ciel ; comment se fait-il que vous, Tartares, ne compreniez pas encore qu'il est temps de ramasser vos os épars, et d'allumer des tranches de lard pour servir de signaux à votre effroi ? Pourquoi n'imitez-vous pas Yu et Kouéi, qui ont réglé leur différend à l'amiable ? Si vous êtes assez aveugles pour ne pas voir les signes précurseurs du nouvel empire, nous n'avons qu'à faire un geste aux troupes que nous avons mises en campagne, et elles monteront, d'un élan unanime, au haut du rocher de nos espérances, faisant une trouée à la barrière qu'on oppose à leur marche. Une fois que vous ne trouverez plus de défense dans votre citadelle doublée de fer, ni du repos dans votre palais émaillé de perles, de quoi vous servira votre inutile repentir !!! »

L'auteur de cette proclamation est un révolutionnaire de l'école moderne : mais il procède en même temps des anciens preux ; car il jure, lui aussi, de ne manger pain sur nappe, c'est-à-dire de ne pas déjeuner avant d'avoir renversé les tyrans. Mais au milieu de ces excentricités chevaleresques l'esprit chrétien se montre toujours ; c'est encore un adorateur de l'Être suprême qui parle.

L'organisation militaire des insurgés rappelle les centuries et les décuries romaines. Le premier grade est celui de sergent, lequel a sous ses ordres vingt-cinq hommes. Quatre sergents ou cent hommes sont commandés par un lieutenant. Une compagnie se compose de quatre cents hommes et de quatre lieutenants soumis à un capitaine. Le régiment renferme quatre compagnies, et un général fait manœuvrer quatre régiments, qui ont chacun un colonel.

Dans cette armée il y a un corps administratif et un corps d'officiers d'élite, comme nos corps d'artillerie et de génie. On les distingue à la couleur de leur écharpe et de leur coiffure. La masse des troupes ne porte pas d'uniforme ; on ne reconnaît les insurgés qu'à leur longue chevelure et à leur tunique simplement croisée sur le devant. Toute cette hiérarchie est parfaitement organisée d'ailleurs.

Au-dessus de ces soldats, de ces officiers, de ces grands dignitaires, des ministres et des rois, il y a encore le chef suprême, l'empereur Tièn-tè. On raconte que lorsque Tièn-tè est venu dans le Hou-Nan, à Keou-Teou-Chan, tous les rois feudataires, le roi pacificateur en tête, sont venus le recevoir à genoux. A cette occasion il tint cour plénière et il y eut des festins homériques. On abattit plus de cent bœufs, on fit rôtir plusieurs centaines de porcs, et, durant trois jours, les fêtes se succédèrent dans les districts récemment conquis. Après ces solennités, Tièn-tè retourna avec son conseiller intime dans l'impénétrable retraite où, au moment de la crise suprême, seront résolues les destinées de l'empire.

Sur ces entrefaites on distribua dans l'armée des hymnes religieux attribués au prétendant. Les chants sacrés, destinés à enflammer l'enthousiasme des soldats, renferment à la fois des pensées chrétiennes et certaines images tout à fait païennes. Les rédacteurs d'un journal anglais affirment qu'ils ont entre les mains un recueil de ces poésies. Le même journal fait observer à ce sujet que la dernière impératrice de la dynastie des Mings était chrétienne, qu'elle avait été baptisée sous le nom d'Hélène, et qu'elle correspondit pendant fort longtemps avec le pape.

Dans ce grand mouvement, les pamphlets, les pièces apocryphes, se multiplient. On distribue au nom des quatre rois de l'Est, de l'Ouest, du Sud et du Nord, une espèce d'homélie qui exhale un parfum méthodiste des plus caractérisés : il nous paraît impossible que quatre rois en collaboration, même quatre rois de la Chine, aient pu faire quelque chose d'aussi platement emphatique et ennuyeux ; mais l'un de nos grands journaux ayant inséré quelques fragments de cette pièce, nous croyons devoir la donner tout entière.

« Yang, roi de l'Est, et général en chef, et Siao, roi de l'Ouest, et aussi général en chef de la dynastie Taï-ping, rétablie dans le Céleste empire par la grâce de Dieu, publient conjointement cette proclamation, afin de faire savoir qu'ils ont reçu les ordres du ciel pour exterminer les méchants et sauver le peuple.

« D'après l'Ancien Testament, le Seigneur suprême, notre Père céleste, a créé, dans l'espace de six jours, le ciel et la terre, les montagnes et les mers, les hommes et les choses. Le Seigneur suprême est un père spirituel, invisible, tout puissant, sachant tout et présent partout. Il n'est, sous le ciel, aucune nation qui ne connaisse sa grande puissance.

« En consultant les souvenirs des temps passés, nous trouvons que, depuis la création du monde, le Seigneur suprême a souvent manifesté son déplaisir : comment se fait-il que vous, peuple de la terre, l'ignoriez encore ?

« Dans une première circonstance, le Seigneur suprême a fait éclater sa colère en faisant tomber

17.

une grande pluie pendant quarante jours et quarante nuits, laquelle a causé une inondation générale.

« Dans une seconde circonstance, le Seigneur suprême a manifesté son mécontentement, et est venu sauver Israël de la terre d'Égypte.

« Dans une troisième circonstance, il a déployé son imposante majesté lorsque le Sauveur du monde, le Seigneur Jésus, s'est incarné dans le pays de la Judée, et a souffert pour la rédemption du genre humain. Dans ces derniers temps, il a de nouveau montré son courroux lorsque dans l'année *ting-yeou* (1837) il a envoyé un messager céleste qui avait été chargé par le Seigneur du ciel de mettre à mort les bandes infernales. En outre, il a envoyé le roi céleste pour prendre les rênes de l'empire et sauver le peuple ; depuis l'année *meou-chen* (1848) jusqu'à celle de *sin-haï* (1851), le Seigneur suprême a été touché des malheurs du peuple, qui était enveloppé dans les filets du démon. Dans la troisième lune de l'an dernier, le grand empereur parut, et dans la neuvième lune, Jésus, le sauveur du monde, s'est manifesté par d'innombrables actes de puissance, et par le massacre d'un grand nombre d'impies dans plusieurs batailles rangées : et comment les impies de l'enfer pourraient-ils résister à la majesté du ciel?

« Comment, ajouterons-nous, la colère du Seigneur suprême ne serait-elle pas enflammée contre des hommes qui adorent des esprits corrompus, qui se livrent à des actions impures, se rendant ainsi gravement prévaricateurs des commandements du ciel ! Pourquoi, vous tous, habitants de la terre, ne vous réveillez-vous pas ? Combien ne devez-vous pas vous estimer heureux d'être nés dans un temps où il vous est permis d'être témoin de la gloire du Seigneur suprême !

« Puisque vous tombez dans une époque comme celle-ci, où vous éprouvez le grand repos des jours célestes, il est temps pour vous de vous réveiller et de vous lever. Ceux qui accompliront les volontés du ciel seront conservés, mais ceux qui leur désobéiront seront taillés en pièces.

« Dans ce moment, ce diabolique Tartare Hièn-Founng, originairement esclave mantchou, est l'ennemi juré de notre race chinoise ; bien plus, il a induit nos frères à prendre les habitudes des démons, à adorer le mal, à désobéir au véritable esprit, et à se révolter ainsi contre le Seigneur suprême. Aussi le ciel ne le tolérera-t-il pas davantage, et les hommes ne manqueront-ils pas à la détermination prise de le détruire. Hélas ! vous, réunion d'hommes vaillants, paraissez ne pas savoir que chaque arbre a ses racines, que chaque ruisseau a sa source. Vous paraissez vouloir renverser l'ordre des choses, car, tout en courant après le moindre avantage, vous faites un détour, et vous servez vos propres ennemis ; et vous trouvant enveloppés par la ruse du méchant, vous entrez en une révolte d'ingratitude contre votre véritable Seigneur. Vous ne semblez pas vous rappeler que vous êtes les vertueux étudiants de l'Empire du milieu, et les honnêtes sujets de la dynastie céleste ; et ainsi vous portez facilement vos pas dans le chemin de la perdition, sans avoir pitié de vous-mêmes.

« Et parmi vous, hommes courageux, il en est beaucoup qui appartiennent à la société de la Triade, et qui ont fait le pacte de sang qu'ils uniraient leurs forces et leurs talents pour l'extermination de la dynastie tartare. Qui a jamais vu qu'après un engagement solennel il y ait des hommes qui tournent le dos à l'ennemi commun !

« Maintenant, il doit y avoir dans les provinces un grand nombre d'hommes décidés, de lettrés fameux et de vaillants héros : nous désirons donc que vous arboriez haut l'étendard, que vous annonciez hautement votre résolution de ne plus vivre sous le même ciel que les Tartares, et que vous cherchiez à acquérir des mérites au service du nouveau souverain. Voilà ce que nous, ses généraux, désirons avec ardeur.

« Notre armée, désireuse de faire prévaloir les bons sentiments par lesquels le seigneur suprême se plaît à épargner la vie de l'homme et à nous recevoir dans un baiser de compassion, a porté la bienveillance dans sa marche, traitant tout le monde avec charité. Nos généraux et nos troupes observent la plus grande fidélité dans les récompenses dues au pays. Ces intentions sont connues de vous tous. Vous devez savoir que depuis que le ciel a mis en avant le vrai souverain pour gouverner le peuple, c'est à vous de venir en aide pour établir sa domination. Bien que nos diaboliques ennemis se comptent par millions, et leurs plans astucieux par milliers, comment peuvent-ils résister au ciel ?

« Tuer sans prévenir est chose contraire à nos sentiments; et se tenir dans l'inaction, sans s'occuper de sauver le peuple, ce n'est point chose qui convienne à des gens bienveillants : c'est pourquoi nous publions cette proclamation en vous pressant, ô peuple ! de vous repentir en toute hâte et de vous réveiller avec énergie. Adorez le vrai esprit et rejetez les esprits impurs ; soyez hommes une bonne fois, et cessez d'être les suppôts du diable, si vous voulez obtenir de longs jours sur la terre et la félicité dans le ciel. Mais, si vous persévérez dans votre stupide obstination, le jour de la destruction arrivera pour les pierres précieuses, comme pour les cailloux, et alors vous aurez beau vous ronger les mains de désespoir ; il sera trop tard pour se repentir ! »

Voici une autre proclamation que les insurgés ont répandue à profusion dans le Hou-Kouang. Cette œuvre, véritable sermon politique, a les qualités et les défauts du genre, et par-dessus tout le cachet spécial qui distingue les productions intellectuelles élaborées dans le Céleste empire.

« Kouo, le grand général en chef des forces

actuellement en possession du territoire dans la province du Hou-Pé, publie cette proclamation :

« En réfléchissant sur l'origine et la chute des empires, nous voyons que lorsqu'un pouvoir perd l'affection du peuple, il est sur le point d'être brisé ; et en cherchant à nous rendre compte des dispositions bienveillantes ou hostiles du ciel, nous voyons que tout pouvoir doué de la vertu reçoit sans cesse un accroissement de force. Pendant les deux cents dernières années, la dynastie mantchoue des Tsing a distribué les dignités officielles avec le plus grand désordre, ne faisant aucun cas des plaintes de la nation. Mais l'empereur Tièn-tè, d'un seul éclat de sa colère, a rendu la paix au peuple ; attaquant l'oppresseur en face, sondant en silence les destinées qui font vivre ou succomber les dynasties, il a levé une armée pour la défense du bien et du droit. Il a pris pitié de vous, étudiants dévoués et habitants vertueux du Hou-Kouang, donnant cours à ses sentiments les plus tendres, et il a commencé le massacre des fonctionnaires voraces et des magistrats corrompus, ne mettant aucune borne au carnage. Vous, maintenant, étudiants et peuple, qui avez résolu de faire cause commune avec lui contre l'ennemi de tous, ne vous laissez pas ébranler dans votre détermination. Ceux parmi vous qui ont de la fortune doivent contribuer suivant leurs moyens à l'entretien des troupes ; ceux qui sont pauvres doivent choisir parmi eux les hommes les plus forts et les plus jeunes, afin de grossir les rangs de notre armée. Quiconque pourra faire prisonnier un mandarin civil ou militaire recevra dix mille pièces de monnaie de récompense; et quiconque apportera une tête de mandarin recevra trois mille pièces. Mais si on avait l'audace de désobéir à nos ordres, nous sommes résolus à livrer au pillage les villes récalcitrantes. Qu'on se garde donc de donner lieu à des regrets tardifs. Tel est l'objet de cette proclamation.

« Première année Taï-Ping de la dynastie des Mings postérieurs, troisième lune, sixième jour (25 avril 1852). »

Les pièces de monnaie promises par Kouo aux chasseurs de mandarins ne sont certainement que des sapèques, ce qui met au plus bas prix la tête des hauts fonctionnaires. Un globule rouge, vivant et en bon état, n'est payé par les rebelles que cinquante francs, et la tête d'un globule bleu ne vaut pas à leurs yeux plus de trois pièces de cent sous. On le voit, il est plus lucratif de chasser le loup dans les Alpes et dans les Ardennes que les mandarins en Chine.

Après s'être emparés de la capitale du Hou-Pé et des grandes villes qui en sont comme les annexes, les rebelles descendirent le Yang-Tze-Kiang, et ils occupèrent successivement Kieou-Kiang, Gan-King et Ou-Hou. A cette nouvelle, le gouverneur général du Kiang-Nan se porta sur Nankin à la tête de toutes les troupes qu'il put rassembler, et il ordonna de concentrer sur la capitale menacée toutes les forces disponibles. Le long du Yang-Tze-Kiang, les fonctionnaires et les riches marchands sont frappés d'épouvante; les mandarins préparent la défense des villes, et les négociants avisés de Sou-Tcheou et de Tchen-Kiang, peu préoccupés de la défense de leurs pays, s'enfuient en grande hâte, emportant avec eux leurs richesses. C'est un sauve-qui-peut général. Au milieu de cette panique, l'argent se resserre, les substances alimentaires deviennent rares, le prix de l'or est à un taux exorbitant, et le riz triple de valeur. Les rebelles, profitant de cette stupeur, s'emparent de tous les navires marchands qui naviguent sur le fleuve, et c'est avec une flotte formidable et une armée de cinquante mille hommes que les cinq rois se présentent devant Nankin.

Cette ville, qui renferme plus de cinq cent mille habitants, était sous les Mings, sous l'ancienne dynastie que Tièn-tè a la prétention de représenter et qu'il veut restaurer, la capitale de toute la Chine. Son enceinte est pour le moins trois fois plus considérable que celle de Paris; mais au milieu de ses rues désertes on trouve de grands espaces labourés, et l'herbe croît sur les quais, bordés naguère d'un triple rang d'embarcations.

Nankin est assise dans une immense plaine, sillonnée de canaux aussi nombreux que ceux qui traversent le corps humain. C'est au milieu de ses campagnes fécondes un entre-croisement continuel de ruisseaux et de cours d'eau navigables. Les rives sont plantées de saules et de bambous aux tiges droites, au feuillage sombre. C'est dans les campagnes de la province de Nankin que croît le coton jaunâtre avec lequel on fabrique ce tissu qu'on exporte en quantités énormes; c'est là aussi qu'on moissonne la plus grande partie du riz qui se consomme dans l'empire. Le Kiang-Nan ou province de Nankin est le plus riche fleuron de la couronne du Fils du ciel.

Rien dans la vieille Europe ne peut donner une idée de sa fécondité, ni les plaines de la Beauce, ni les plaines de la Lombardie, ni même la Flandre, cette terre opulente entre toutes. Dans le Kiang-Nan, deux fois l'année les champs se couvrent de moissons, et ils donnent sans interruption des légumes et des fruits. Sur la lisière des terres ensemencées croissent les légumes les plus savoureux du monde: le pè-tsaï, ce chou qui tient de la laitue et du cabus, la moutarde amère, les melons d'eau, les patates, la pomme de terre et les cent espèces de haricots que produit le Céleste empire.

Nous avons eu le bonheur de nous asseoir à l'ombre des vergers qui bordent le Ou-Soung, une des nombreuses veines qui fécondent la province du Kiang-Nan; nous y avons cueilli de nos mains les jujubes charnues, que les voyageurs ont souvent prises pour des dattes, les grenades aux grains transparents, les pêches monstrueuses auprès desquelles les plus belles espèces de Montreuil ressemblent à des fruits sauvages, et les diospyros aussi gros que des tomates. Nous avons vu courir dans les guérets des faisans écarlates et leurs frères aux plumes nacrées.

Cette province nourrit trente-huit millions d'habitants, dix fois plus que la Belgique, dix fois plus que la Hollande, un peu plus que la France. Et cependant les bonnes gens nos compatriotes, ceux qui ont le bonheur de se figurer que notre nation est la plus riche, la plus puissante, s'imaginent aussi que leur pays est le plus peuplé de l'univers.

Nankin est bâtie dans l'eau. C'est une ville, comme Rotterdam, entourée de marais fertiles et d'eaux poissonneuses. Vers le sud, le fleuve s'élargit tout à coup et forme une espèce de lac semé d'innombrables îlots. Là sont cachées, sous les arbres touffus, les maisons de plaisance des mandarins. C'est dans ces mystérieuses retraites que les libidineux poussahs dérobent aux regards envieux du vulgaire leur volière, peuplée des pâles oiseaux élevés dans les cages de Sou-Tcehou-Fou, cette ville des voluptés, que peint d'un mot le proverbe chinois : « Dans l'autre monde, il y a le paradis, et dans celui-ci Sou-Tcheou-Fou ! »

Ces femmes poëtes, ces Aspasies jonquilles, composent des vers charmants, dans leur langage naïf et passionné ; mais la jalousie de leur maître ne leur permet de les chanter qu'à ces rives sans écho. Sur les eaux indolentes du lac, sur les eaux plus rapides du fleuve, naviguent les plus élégantes embarcations du monde et des milliers de jonques qui vont porter jusqu'aux extrémités de l'empire les produits industriels et agricoles du pays.

Nous avons déjà dit que Nankin était bien déchu de son ancienne splendeur : en effet, les remparts de la ville ancienne forment un si vaste circuit, que, du sommet des coteaux qui la dominent, le regard ne saurait distinguer ces murs ruinés. La ville moderne, qui cependant renferme cinq cent mille âmes, paraît un village à côté de l'immense cité dont l'enceinte seule est restée debout.

C'est au centre de la ville moderne qu'est bâtie la tour à neuf étages, presque aussi connue du bourgeois parisien que le tissu jaunâtre dont il fait faire ses pantalons d'été.

La pagode à neuf étages est un vieux monument du temps des Mings ; on en trouvera la description dans la suite de ce récit. C'est devant les murs de Nankin que sont campés les cinq rois coalisés. Troie est là, défendue par une garnison formidable, mais le vieux Priam est mort, et Hector est à Pékin !

CHAPITRE XV.

PROCLAMATION DE L'IMPÉRATRICE. — DISGRACE DE SIU.

Tandis que les armées impériales sont partout vaincues, que des symptômes de rébellion se manifestent dans les provinces centrales, et que le Kiang-Nan est envahi, l'empereur Hièn-foung accomplit un grand acte politique. Il fait asseoir à ses côtés une femme jeune et belle, et l'appelle à partager avec lui le fardeau du pouvoir; on dirait qu'il veut conjurer l'orage qui s'approche par le prestige de la beauté. C'est le seul acte progressif que Hièn-foung ait accompli depuis le commencement de son règne. Jusque-là, semblable aux autres rois barbares, il n'avait eu pour auxiliaires que la violence et la ruse; aujourd'hui, il s'appuie sur un être jeune et gracieux, qui doit avoir au fond du cœur des sentiments de commisération et de pitié. L'action de Hièn-foung est d'autant plus remarquable, qu'elle n'est pas de nature à flatter les préjugés vulgaires. Les peuples corrompus de l'Orient, habitués à considérer une femme comme un être inférieur, ne sauraient lui savoir gré d'avoir fait passer dans des mains charmantes le sceptre impérial. Le cerveau d'un Chinois de basse condition ne saurait comprendre qu'une jeune dame de haute extraction puisse modifier par sa douce influence une âme faible et violente, et conjurer ainsi les calamités du temps présent.

L'empereur crut devoir, par un manifeste spécial, annoncer sa détermination à ses sujets, et la *Gazette officielle de Pékin* le *Kin-Sin-Pao*, le *Moniteur des dix-huit provinces*, dont la grande voix s'adresse à trois cent soixante millions d'habitants, fit précéder la proclamation impériale d'un premier Pékin sur le même sujet. Nous allons donner ces deux pièces remarquables. Voici d'abord l'article du journal chinois :

« Les mariages et les naissances étant des événements relatifs à la vie privée, l'empereur n'en doit pas la communication à ses sujets. Le peuple n'a aucune raison de se réjouir de ce qu'il plaît à Sa Majesté d'introduire une femme de grande beauté dans le sanctuaire intérieur. Il en est de même de la naissance d'un enfant ; Sa Majesté ayant le droit de désigner lui-même son successeur, et de désigner non-seulement celui de ses enfants qu'il a jugé digne de régner, mais aussi un homme de mérite étranger à sa famille, la nation ne peut prendre part à la naissance d'un prince qui peut-être ne sera pas appelé à succéder à son père. Mais il n'en est pas ainsi lorsque le Fils du ciel prend la détermination, à l'exemple de quelques-uns de ses glorieux ancêtres, de faire asseoir à ses côtés la femme qu'il a épousée et de l'élever au rang d'impératrice régnante. Alors il annonce au monde cet heureux événement, afin que le monde sache quelle est la femme vertueuse qu'il juge digne de régner avec lui. C'est pourquoi Sa Majesté le grand empereur a fait à la nation la communication de sa volonté. Depuis longtemps déjà le peuple aurait eu connaissance de cet événement, mais, pour le déclarer, le Fils du ciel a dû attendre que la première période du deuil de son glorieux père fût écoulée. Le lendemain du 7 de la première lune, le ministère des rites fera officiellement enregistrer dans les annales de l'empire et afficher sur papier jaune en langue mantchoue et en chinois la proclamation de Sa Majesté, afin que dans tous les pays, dans les villes comme dans les hameaux, personne n'en ignore. »

A la suite de cet article, vient le manifeste impérial. Nous avons traduit cette pièce avec le plus grand soin, et nous avons ensuite collationné notre travail avec les traductions de la même pièce faites par les Européens résidant en Chine, et notamment par un historien de l'insurrection, qui nous a précédés, le docteur Macgowan, membre de la *Missionary medical Society*, homme d'érudition, de dévouement, lequel jouit d'une haute réputation en Chine et notamment à Ning-Po, où il habite depuis nombre d'années.

« L'empereur, par la volonté du ciel et la révolution perpétuelle du monde, dit :

« De même que dans la nature nous voyons la

terre obéir aux lois des corps célestes, auxquels elle est néanmoins d'une importance essentielle, de même nous apprenons des Livres canoniques, que les bons empereurs se sont procuré le concours d'impératrices exemplaires. Par exemple, l'excellente *Ngo-taï*, femme de l'éminent empereur *Chun*, et la digne épouse du grand *Yu*, ont été parfaites dans l'accomplissement des devoirs domestiques, et ont donné des exemples qui ont été de hauts enseignements pour tout l'empire.

« Absorbé nuit et jour par les vastes occupations inhérentes à l'héritage que le ciel m'a confié par l'intermédiaire de mes pieux ancêtres, j'ai besoin d'un aide animé du même esprit que moi. *Niu-lou-kou* est une dame d'honorable extraction, dont l'excellent caractère est hautement estimé dans l'intérieur du palais, où la bonté naturelle de ses penchants et la conduite exemplaire de toute sa personne se manifestent par son exactitude à s'acquitter des devoirs domestiques : instruite par l'antiquité, elle ne craint pas de laver de ses propres mains le linge fin ou grossier. Frugale et complaisante, bienveillante et douce, elle mérite d'être mise dans la possession de toutes sortes de félicités. Nous voulons par conséquent qu'elle soit revêtue du costume impérial et qu'elle soit à la tête des dames des six pavillons. Selon l'usage antique, je ferai respectueusement part de cet événement au ciel, à la terre, aux mânes de mes ancêtres, et aux esprits tutélaires du territoire et des moissons, le 7 de la première lune, jour où elle aura un siége à côté de nous sur le trône impérial : et alors il sera officiellement enregistré dans les archives, que la vertueuse et digne dame *Niulou-kou* est constituée impératrice. A partir de ce jour-là, elle aura sa résidence dans le palais des Nénuphars, et nous aidera à administrer dans l'enceinte parfumée de ses appartements.

« Puisse-t-elle être heureusement féconde, comme elle est riche en vertus !

« Dans cette joyeuse circonstance, nous voulons que les grâces suivantes soient accordées. »

(Suit une longue série de faveurs accordées principalement à des dames, et de rémissions de peines encourues pour délits administratifs.)

La nouvelle impératrice ayant été solennellement proclamée, les membres de la famille impériale, les ministres, les hauts dignitaires de l'empire, conduits par le président du tribunal des rites, firent arriver aux pieds de leur jeune souveraine l'expression de leur respectueux dévouement. En Chine, les hommes ne sauraient être reçus par les femmes ; c'est pourquoi le cérémonial eut lieu dans les formes suivantes : toute cette assemblée se rendit dans la salle du trône, quatre des principaux fonctionnaires portant un dais de brocard jaune, sous lequel était déposé un petit livre relié. Lorsque l'on fut devant le siége impérial, tous les visiteurs s'agenouillèrent comme si Hièn-foung eût été présent, et frappèrent trois fois la terre du front. Alors le chef des eunuques introduisit l'empereur ; à peine fut-il assis, que le président du tribunal des rites prit sous le dais de brocard le livre qui y était déposé, et, accompagné de de deux assesseurs, il s'avança au pied du trône. Les trois dignitaires s'agenouillèrent de nouveau, et le président du ministère des rites lut d'une voix sonore le compliment que l'académie des Han-Lin avait composé pour l'impératrice. Après quoi ils se retirèrent : ce fut ainsi qu'ils rendirent leurs devoirs à la jeune souveraine.

Dans l'après-midi, les princesses du sang impérial, les princes, les femmes des ministres et des hauts dignitaires répétèrent la même cérémonie auprès de l'impératrice elle-même. Ces dames étaient présidées par une dame d'honneur qui remplit des fonctions analogues à celles de maître des cérémonies. L'impératrice s'assit sur son trône, les dames s'agenouillèrent et frappèrent seulement une fois la terre de leur front. Après quoi la grande maîtresse du palais lui présenta, écrit sur une grande feuille de papier enjolivée de charmantes peintures, le compliment qu'on avait lu le matin à l'empereur. Le même jour, la nouvelle impératrice fit publier un édit par lequel elle annonçait qu'elle accordait des grâces spéciales à toutes les vieilles femmes de l'empire. Cet usage, qui se pratique de temps immémorial en Chine, est en quelque sorte une aumône de joyeux avénement que la jeunesse et la beauté, comblées d'honneurs et de puissance, payent à la vieillesse pauvre et laborieuse. Ce don consiste en quelques mesures de riz et en quelques pièces d'étoffe. Il représente pour la Chine entière la valeur de plus d'un million de taëls qui sont pris sur la cassette impériale : ajoutons que les femmes âgées de plus de soixante et dix ans participent seules à ces largesses.

La proclamation de l'impératrice est un épisode charmant au milieu de l'iliade chinoise. A peine abandonnons-nous ce sujet, que nous retombons dans les exécutions, les disgrâces, les combats et les édits impériaux.

Notre ami Siu a été cette fois précipité du faîte des grandeurs, comme on disait il y a cent ans. Lorsque la nouvelle en parvint à Canton, un fonctionnaire, ami du vice-roi, fit secrètement prévenir sa femme légitime; la prudente dame eut ainsi le temps de mettre en sûreté les objets les plus précieux. Le lendemain, lorsque les agents du gouvernement mirent le séquestre sur les biens mobiliers et immobiliers, ils trouvèrent le palais nu et les coffres à peu près vides. Les agents, désappointés, ouvrirent aussitôt le gynécée du vice-roi, et mirent en liberté les colombes chancelantes qui roucoulaient à travers les barreaux incrustés d'ivoire et d'ébène de leur volière. Quant à Siu, les uns affirmèrent qu'après une nouvelle défaite il s'était suicidé; d'autres, qu'il avait eu la tête tranchée, ce qui eût donné raison au présage qui l'avait poursuivi à sa sortie de Canton; d'autres encore, qui peut-être le connaissaient mieux, dirent tout bas qu'il avait passé du côté des rebelles. Nous ne tarderons pas à savoir laquelle de ces suppositions est véritable; nous désirons, quant à nous, en reconnaissance de l'amusement que nous a procuré le vice-roi, que la dernière se confirme : sa tête y courrait moins de danger.

Le Tao-taï de Chang-Haï, plus européen que les autres chinois, a fait acheter des navires américains pour les armer contre les rebelles, et des négociants de Macao lui ont fourni des canons! L'empereur, de son côté, en apprenant que les insurgés se sont emparés de toutes les jonques qu'ils ont rencontrées, rend un décret qu'on peut formuler ainsi :

Art. 1er. Quiconque s'emparera de la flotte des rebelles en deviendra propriétaire; toutes les richesses qu'elle renferme lui appartiendront, à l'exception de la poudre et des armes.

Art. 2. Quiconque incendiera l'armée navale insurgée sera largement récompensé.

Art. 3. Tout individu ayant tué un ou plusieurs chefs aux longs cheveux aura bien mérité de la patrie.

Ce décret était suivi d'une autre pièce officielle dans laquelle l'empereur recommandait d'adresser des prières à la déesse Kouan-in, afin qu'elle accordât un bon vent aux bateaux chargés de grain que les provinces méridionales envoient chaque année en tribut au Fils du ciel.

Du théâtre de la guerre on ne reçoit aucune nouvelle certaine; une seule lettre, arrivée des environs de Nankin, affirme qu'une conspiration a éclaté dans cette ville, et que les conjurés pris en flagrant délit d'incendie ont été massacrés jusqu'au dernier. La même missive fait mention d'un combat livré à Taï-Ping dans lequel les impériaux, d'abord vaincus, avaient fini par triompher. Un général tartare appelé Tchang-king-se étant arrivé à la tête de quatre mille hommes de troupes fraîches, les choses changèrent subitement de face; les quatre mille Tartares tuèrent neuf mille rebelles : deux ennemis un quart chacun! Ce combat en deux actes dura vingt-quatre heures, ajoute le narrateur ; on se battit sans boire ni manger, ce qui paraît peu probable, surtout à quiconque connaît le robuste appétit des enfants de la Terre des fleurs. Mais ce sont là des bruits extravagants que répandent les mandarins après chaque désastre.

Une défaite des impériaux est immédiatement suivie d'un bulletin annonçant une victoire complète. Le Tao-taï de Chang-Haï va même plus loin que ses collègues : il promet dans une proclamation spéciale une victoire à jour et à heure fixe; pour peu qu'on l'en priât, le brave globule bleu rédigerait d'avance le bulletin et le récit de l'action. D'ailleurs, les détails que nous venons de reproduire, relatifs à la bataille du général Tchang-king-se, n'ont aucun caractère officiel, nous les donnons pour ne rien omettre, et pour montrer l'incertitude qui règne sur le véritable état des choses et combien peu il faut croire aux bruits que le gouvernement a intérêt à répandre. Un Chinois ment souvent, très-souvent; un mandarin ment toujours. Deux faits sont acquis et incontestés, les insurgés sont devant Nankin, et le danger a paru tellement pressant, que les agents du gouvernement chinois rapprochés du théâtre des événements, malgré leur antipathie pour les Européens, ont fini par implorer le secours de leurs armes.

CHAPITRE XVI.

PRISE DE NANKIN. — ÉDITS IMPÉRIAUX. — PROCLAMATIONS INSURRECTIONNELLES. — ATTITUDE DES EUROPÉENS. — PROGRÈS DE L'INSURRECTION.

Nankin est au pouvoir des insurgés ! L'armée victorieuse du prétendant est entrée dans l'ancienne capitale de l'empire, et les deux villes rivales, Nankin et Pékin, ont chacune leur empereur ! Nous ne connaissons pas les détails de ces événements ; mais dès ce moment nous pouvons en prévoir la portée. Un des hommes qui connaissent le mieux la Chine, sir John Davis, apprécie ce résultat en ces termes :

« Cette ville serait l'endroit le plus accessible à une flotte européenne ; et comme le canal entre dans le grand fleuve un peu au-dessous de la ville, vers la mer, le blocus de l'embouchure du canal et du Yang-Tze-Kiang ne pourrait manquer de mettre l'empire aux abois, et surtout la capitale, qui est approvisionnée par les provinces méridionales. »

Ces lignes, écrites il y a plus de vingt ans, étaient en quelque sorte prophétiques. Lorsque les glorieux compatriotes de sir John Davis s'embossèrent devant Nankin et maîtrisèrent ainsi l'embouchure du canal, les mandarins vinrent humblement faire leur soumission et demander la paix; ils comprirent que les soldats de la reine de la Grande-Bretagne s'étaient emparés des clefs de la Chine, et qu'il ne tenait qu'à eux d'affamer l'empereur dans son palais.

Il faut reconnaître cependant qu'une armée chinoise est bien moins redoutable pour des soldats indigènes qu'une armée européenne ; et en cette circonstance les troupes impériales ont en face des adversaires qu'elles peuvent combattre à armes égales. D'ailleurs, dès à présent, les insurgés n'ont plus seulement à redouter les tigres enrégimentés ; leur ennemi le plus implacable est autour d'eux; c'est l'air qu'ils respirent. Nos armées européennes triomphent de tout, même des délices de Capoue; mais ces bandes, ramassées au hasard pendant une marche insurrectionnelle de plus de trois cents lieues, ne sauraient avoir au même degré le sentiment du devoir. Ces hommes, recrutés parmi les populations ardentes du Kouang-Toung, du Kouang-Si et du Hou-Kouang, auxquels se sont joints des milliers de Miao-Tze à demi-sauvages, irrités par les privations et exercés à la convoitise, ne lutteront pas contre les séduisants dangers qui les entourent. La discipline sévère que les rois coalisés font observer à leurs troupes a triomphé des ruses de Siu et de la bravoure de Ou-lan-taï, mais elle sera peut-être impuissante contre les voluptés du Kiang-Nan.

Nous avons tâché de donner une idée de cette terre féconde, nous avons décrit sommairement cette riche contrée où rien n'est inculte, rien n'est improductif. Nous disons rien, dans le sens absolu du mot; car les ruisseaux eux-mêmes, qui répandent dans les champs les eaux vivifiantes, ne sont pas des espaces perdus; le fond en est cultivé, et leur courant berce les grandes feuilles des nelumbium, dont on mange les racines et les fruits, ou bien ils font trembler les tiges déliées des cyperus esculentus ou des trapa bicornis, dont les produits amylacés sont une nourriture excellente. Maintenant, il nous reste à faire connaître Nankin, la rivale de Sou-Tcheou-Fou, Nankin, la ville savante et la ville des plaisirs.

Pour un Chinois, rien n'est beau, rien n'est bon, rien n'est gracieux, élégant, de bon goût, que ce qui vient de Nankin ou de Sou-Tcheou-Fou. Peuple essentiellement routinier, nous n'avons qu'une ville qui donne la mode et le ton, les Chinois en ont deux. Les fashionables du Céleste empire sont divisés en deux écoles, l'une relève de Nankin, l'autre de Sou-Tcheou-Fou. On ne sait encore laquelle des deux l'emportera. Quant à Pékin, la ville gouvernementale, son suffrage n'est d'aucun poids dans les affaires des plaisirs et dans les affaires de goût ; elle a le monopole de l'ennui. C'est à Nankin que résident les littérateurs, les savants, les danseurs, les peintres, les archéologues, les joueurs de gobelets, les médecins, les poëtes et les courtisanes célèbres. Dans cette charmante cité, on tient des écoles de science, d'art et de plaisir ; car dans ce pays le plaisir est en même temps un art et une science. Malte-Brun prétend qu'il y a dans cette ville littéraire et savante un institut et une académie de médecine. Les géographes seuls sont capables d'inventer de pareilles calomnies ; il n'y a à Nankin ni académiciens ni académie.

Les riches oisifs de tous les pays de l'empire se rendent alternativement à Sou-Tcheou-Fou et à Nankin ; dans ces deux villes, ils passent leurs journées dans les ateliers des peintres, dans les cabinets des savants, qui sont, comme chez nous, possédés de la manie du bric-à-brac ; ils vont applaudir les acteurs en renom, et finissent leur soirée en compagnie des poëtes et des courtisanes. Le Kiang-Nan est un peu l'Italie de la Chine : les grandes affaires de la vie sont la poésie et l'amour. Les parents élèvent leurs filles pour plaire; parfois ils les vendent à de riches mandarins; d'autres fois ils les lâchent dans le monde avec leur jolie figure et leurs talents, et alors elles sont à peu près les femmes les plus heureuses de l'empire. Auprès d'elles, les Chinois sont empressés et toutes les bourses volent sur leurs pas. Les femmes de Nankin ne sont pas seulement les femmes les plus belles de Chine, elles sont aussi les plus élégantes.

A Canton, le mandarin Pan-se-tchèn avait dans son gynécée deux colombes de Nankin. Elles avaient environ dix-sept ans; elles étaient gracieuses et toutes mignonnes; leur taille n'était pas supérieure à celle d'une jeune fille de treize ans; leurs traits enfantins étaient pleins de délicatesse; elles ressemblaient à ces poupées que les artistes des journaux de modes donnent comme des spécimens de dames françaises. Leurs paupières noires et tirées vers les tempes laissaient voir à peine, à travers une fente étroite et soyeuse, leurs petits yeux noirs pleins de vivacité; leur bouche étroite ressemblait à une ligne de carmin. L'une avait les pieds comprimés, l'autre, au contraire, les portait tels que la nature les lui avait donnés; ceux de cette dernière étaient les plus gracieux du monde : quand on a des pieds pareils on doit marcher sans souliers ou chausser des pantoufles de verre. Ces jeunes filles portaient autour de la tête un étroit bandeau de satin noir, orné de perles, de grenats et d'émeraudes. Elles étaient couronnées de fleurs de lan-hoa, aux senteurs pénétrantes; cette guirlande parfumée entourait leur chevelure réunie en aigrette. Leur figure était blanche comme le lait : en Chine le fard est blanc; elles étaient si bien badigeonnées, qu'elles ressemblaient réellement aux dessins fantastiques qui couvrent les paravents et les éventails, où l'on voit des essaims de jeunes filles qui s'envolent, voluptueuses visions des artistes du Royaume des fleurs. L'éducation de ces enfants avait été très-soignée. Elles faisaient des vers qu'elles chantaient en s'accompagnant du *kin*, sorte de lyre primitive où huit cordes en soie vibrent doucement sur une longue table d'harmonie en ébène incrusté de nacre. C'est là le piano du Céleste empire, instrument discret qui ne ressemble guère à la bruyante machine qui gronde trop souvent dans nos salons sous les doigts les plus délicats.

Telles étaient les jeunes filles de Nankin que nous avons vues ; et les voyageurs qui ont eu le privilége d'entrer dans les élysées chinois en font des descriptions semblables. Tous les canaux de la ville artistique sont couverts d'élégants bateaux conduits par des marinières ; ces embarcations portent au centre un pavillon discrètement fermé ; c'est le réduit qu'habitent quelques jeunes filles semblables à celles dont nous venons de parler ; tous les meubles de ces boudoirs flottants sont en bois noir comme du marbre incrusté d'argent ou d'ivoire. Des siéges de porcelaine et des divans de rotins sont distribués autour de cette cabine somptueuse. Les Chinois ont un goût prononcé pour les jouissances aquatiques ; un plaisir n'est guère au complet que lorsqu'ils sont assis sur ces planchers mouvants; aussi ces bateaux voluptueux sont-ils, jour et nuit, fréquentés par des hommes qui boivent, qui mangent, qui fument et qui dorment. Pour les gens moins aisés, il y a des tavernes moins somptueuses ; mais personne n'est pauvre sur cette terre qui produit sans cesse, sous ce beau ciel tout rayonnant de lumière, le long de ces canaux qu'ombragent les bambous et que parfume l'*olea fragrans!*

Jusqu'à présent les insurgés, sur leur route, ont fait de nombreuses recrues ; aujourd'hui, dans le riche Kiang-Nan, ils auront des adhérents, mais ils n'auront plus de complices. Les tentatives révolutionnaires, bonnes ou mauvaises, ont, dès leur début, le malheureux privilége d'attirer à elles les désespérés de toute espèce, qui attendent d'un changement quelconque une amélioration à leur sort; aussi, dans les contrées favorisées où le bien-être est généralement répandu, une armée insurrectionnelle réunit ordinairement peu d'adhérents. C'est pourquoi les rebelles, qui ont très-probablement la sympathie des populations, ne doivent compter désormais que sur l'effectif actuel de leurs troupes, et combattre avec leur seule énergie les soldats envoyés contre eux de Pékin et l'influence énervante du milieu où ils sont arrivés.

Nous allons maintenant passer en revue les événements qui se sont accomplis durant les derniers mois de cette année. Le premier acte que nous lisons dans le *Moniteur de Pékin* est un décret impérial relatif à la mort de Siao-tchao-kouëi, lequel prenait le titre de Si-wang ou roi de l'Ouest; d'après le rapport d'un général, ce chef rebelle aurait été tué par l'explosion d'un canon, et l'empereur ordonne qu'on fasse subir à son cadavre un supplice rétrospectif. Dans le même décret, le souverain magnanime apprend lui-même à ses sujets que l'on a arraché de la poitrine de quelques malheureux prisonniers leur cœur encore palpitant, et qu'on l'a offert en holocauste aux mânes des soldats morts en défendant la puissance impériale. Nous donnons en entier ce décret, empreint d'un caractère de barbarie qui n'est pas propre à concilier au despote qui règne à Pékin les sympathies de nos pays civilisés. Ce n'est que le délire d'une rage impuissante qui peut dicter de pareils décrets :

« Il paraît, d'après le rapport de Tchang-léang-ki, que le rebelle Siao-tchao-kouëi a été tué par une explosion. Cet homme, regardé comme un des plus distingués et des plus audacieux parmi les rebelles, avait pris le titre de roi de l'Ouest. Lorsque, il y a quelque temps, Lo-ou et quelques autres furent faits prisonniers, ils dirent que le rebelle en question avait été tué par l'explosion d'une pièce de canon à Tchang-Cha, et que son corps était enterré à Lao-Loung-Tan. Sur cela, la sépulture a été fouillée, et l'identité du corps ayant été établie, on l'a coupé en morceaux pour servir d'exemple. Lo-ou et ses compagnons, au nombre de six, eurent le cœur arraché de leurs entrailles, et ces cœurs, encore palpitants, furent offerts aux mânes des officiers et des soldats qui ont péri dans le combat.

« Les rebelles Houng-sieou-tsuèn et autres, qui ont porté le désordre dans les provinces du Kouang-Si et du Hou-Kouang, remplissent la mesure de leurs iniquités. Outre le susdit Siao-tchao-kouei, un nommé Wéi-tching, autre chef fameux des insurgés, a été conduit à une fin prématurée à Tching-Tcheou, par l'action d'êtres invisibles; un autre, nommé Che-ta-kaï, fut tué par nos soldats lorsqu'il fuyait à Ho-Se; et, d'après le témoignage de tous les rebelles, Houng-yun-chan a disparu, sans qu'on sache où il est allé; assurément, s'il n'est pas mort, il a pris la clef des champs. Maintenant il n'y a plus que Houng-sieou-tsuèn, Yang-sieou-tsing, Lo-ya-wang et quelques autres qui troublent la province du Hou-Pé : ceux qui sont forcés de les suivre ne sont que comme des bandes d'oiseaux volant à la suite de quelques conspirateurs en petit nombre.

« Que les grands officiers de l'armée et les gouverneurs des provinces publient des proclamations pour engager les troupes, les villageois, les magistrats, la noblesse et le peuple à réunir leurs efforts pour l'extermination de cette race immonde. Quant à ceux qui auraient été forcés involontairement à suivre les rebelles, il est décrété que s'ils saisissent quelques-uns de ces malfaiteurs et les amènent dans notre camp, ils seront non-seulement pardonnés, mais généreusement récompensés. Dans ce moment, la grande armée se rassemble comme les nuages et arrive de toute part pour la destruction des rebelles; et, comme ces misérables ont mis le comble à leur criminelle conduite, les hommes et les dieux les abhorrent également, et ils ne sauraient échapper plus longtemps au châtiment qui leur est dû. Respectez ceci. »

Cette pièce est suivie d'un autre document plein d'une humanité rétrospective : le jeune Hièn-foung, dans des lettres de grâce, déclare que des officiers qui avaient pris la fuite devant l'ennemi, au combat de Yo-Tcheou, étant morts de maladie, il leur pardonne leur crime ! Mais d'autres actes encore nous révèlent le trouble qui assiége l'empereur omnipotent : il fait publier par tout l'empire des prières qu'il adresse au ciel ; ces actes de contrition arrachés par la peur nous révèlent les angoisses de la cour de Pékin. Voici en quels termes Hièn-foung implore le Seigneur suprême :

« Rempli de craintes et d'appréhensions, je supplie humblement le ciel de pardonner mes offenses et de sauver mon pauvre peuple. Qu'à leur tour les grands officiers de la cour et des provinces réveillent les bons sentiments de leur cœur, et avisent aux moyens de détourner du peuple les calamités qui l'affligent. Les étudiants et le peuple de chaque localité doivent aussi réunir leurs efforts pour arrêter l'ennemi et détruire promptement ces monstres de rebelles. Ils jouiront ainsi d'une paix et d'une prospérité sans fin sous la compatissante protection du ciel, tandis que nous et nos officiers en éprouverons également des sentiments de respect et de reconnaissance. Nous trouvant à l'époque de l'année où se font les grands sacrifices avec le cérémonial voulu, nous avons manifesté nos vues et réitéré nos ordres à cet égard. Nous voulons que le ministère des rites et les hautes autorités de chaque province fassent graver ce décret et le publient sur papier jaune, afin que de près et de loin nos intentions soient connues de tout le monde. »

Cette confession publique, ce *meâ culpâ* officiel, ne suffit pas pour soulager le cœur du monarque : il annonce à tous ses sujets qu'il passera une nuit en prières devant l'autel du ciel. Mais, comme s'il doutait de la protection des dieux qu'il invoque, il profite de cette occasion pour préconiser la trahison et conseiller le meurtre dans l'intérêt de son trône :

« Le 7 de la deuxième lune (21 mars), moi, l'empereur, je passerai la nuit à l'autel du ciel, et prierai avec ferveur pour la paix de mes sujets, qui, depuis le commencement de la rébellion jusqu'à présent, ont enduré de grands malheurs dans les provinces du Kouang-Si, du Hou-Nan et du Hou-Pé. Moi, l'empereur, je suis aussi dans une profonde affliction de ce que des milliers de gens ont péri dans la ville de Ou-Tchang, et j'adresse les plus amers reproches aux officiers qui, loin d'empêcher cette calamité par des mesures préventives, ont pris la fuite dès que les rebelles ont paru.

« Du temps de l'empereur Kia-king, il y eut au Hou-Kouang une rébellion qui dura plusieurs années ; mais le peuple ne prit point la fuite : les villageois courageux se réunirent et se défendirent eux-mêmes. Ne vaudrait-il pas mieux, aujourd'hui, donner l'argent aux braves villageois pour les faire assembler en armes que de se le faire voler en l'emportant ?

« Ceux qui suivent les rebelles n'agissent pas ainsi volontairement ; s'ils reviennent à nous, il faut les bien accueillir, car ce sont mes sujets : tous les millions qu'on a dépensés n'étaient-ils pas pour sauver mon peuple ? Attendez que dans quelques jours mes troupes aient entouré et exterminé les rebelles, et alors assurément on jouira du repos. Si quelqu'un de ceux qui suivent les rebelles tue leur chef, il sera non-seulement pardonné, mais comblé de faveurs.

« Je me suis adressé à moi-même des reproches réitérés, et j'ai prié le ciel de pardonner mes fautes, de sauver mon peuple et de ne plus l'accabler de souffrances à cause de moi. Puissent toutes les calamités à venir retomber sur moi seul!!! »

Hièn-foung comprend cependant la fatalité de sa position ; il sent que ce que l'on déteste surtout en lui, c'est son origine tartare, et il s'applique en quelque sorte à se la faire pardonner. A peine les soldats de Kirin et d'Amour mettent-ils le pied sur les terres chinoises, qu'il s'adresse à eux avec sévérité : il leur recommande d'observer la discipline la plus stricte, de mettre de la discrétion dans leurs demandes, de respecter les propriétés et de traiter en frères les habitants des provinces qu'ils vont traverser. Mais les antipathies de race sont plus puissantes que les proclamations impériales, les troupes indépendantes ne tiennent pas grand compte des recommandations du maître. La *Gazette officielle de Pékin* frappe d'un blâme sévère le général Foung-chèn commandant les troupes de Kirin, lequel s'est conduit en Chine comme dans un pays conquis. Il a sur son passage levé des contributions, fait des réquisitions exorbitantes de chevaux, de voitures et de vivres, et, fâcheux symptôme, il a retardé sa marche de plusieurs jours en alléguant une indisposition subite! L'empereur, en dégradant ce chef, fait un nouvel appel à la concorde et à la bonne harmonie ; mais cette nouvelle exhortation ne sera pas plus efficace que la première.

Les troupes de Kirin et d'Amour font partie de

ces soldats des huit bannières qui inspiraient jadis une si profonde terreur aux Chinois. Ces régiments étaient alors de vaillantes hordes conduites par des chefs intrépides, sobres et durs à la fatigue comme les chameaux de leurs vastes déserts. Il est à craindre qu'aujourd'hui les molles habitudes chinoises ne les aient énervés. Dans l'ordre de marche de ces corps d'élite, nous lisons avec surprise qu'après chaque étape il leur est accordé deux jours de repos! Comme si, dans ces moments pressants où les destinées de la dynastie tartare dépendent peut-être d'une marche accélérée, il fallait ménager les forces des soldats! Mais Hièn-foung est en butte à deux dangers également pressants : la haine de la nation chinoise, et l'abandon de ses défenseurs naturels s'il les mécontentait.

Il est une seule chose que le jeune empereur ne ménage guère : c'est le sang de ses généraux. Le malheureux Siu a eu la tête tranchée ; il a été puni de n'avoir pas été un homme de génie, de n'avoir pas su, avec des soldats couards, pourris dans les égouts des garnisons, improviser des troupes égales en valeur à celles qui s'emparèrent de la Smala ou qui vainquirent au Pandjab. Le fatal présage de Canton était un avertissement providentiel. Il ne faut jamais plaisanter sur ces pauvres animaux qu'on enferme dans la cage d'un tigre, car tôt ou tard la terrible bête finit par tuer son compagnon, souvent sans colère, mais parce que ses instincts se réveillent et qu'elle a éprouvé le besoin de tuer. Saï-chang-ha est également condamné à mort ; seulement son agonie est prolongée de quelques mois; l'empereur a ordonné que l'exécution serait remise après les assises d'automne. Ceci tient à une coutume très-ancienne : on ne fait en Chine d'exécutions que dans le mois d'automne, à moins qu'il ne s'agisse d'un crime politique : dans ce cas toutes les saisons sont bonnes. Il faudrait toute une dissertation philosophique, pas trop étrangère à notre sujet, pour faire comprendre le motif de cette disposition de la loi chinoise.

Ainsi, dans cette dernière période, les actes de l'empereur se réduisent à ceci : prières, supplications adressées aux vieilles divinités impuissantes et sourdes ; condamnations, exécutions, et appel constant aux passions les plus basses, à la trahison et à l'assassinat.

Pendant que Hièn-foung s'agite en pure perte, se traînant politiquement dans les ornières du passé, et tombant tour à tour dans la fureur et l'abattement, les insurgés poursuivent la tâche qu'il se sont imposée avec un calme et une persévérance qui sont un indice certain de leur force. Ils publient de nouvelles proclamations dans lesquelles ils peignent aux populations la rapacité odieuse des mandarins, les souffrances qu'endure le peuple et l'imbécillité du jeune monarque captif au milieu d'un cercle d'eunuques, de femmes et de courtisans. Dans une de ces œuvres, pleine de verve et de véritable enthousiasme, ils font un appel aux vieux sentiments patriotiques et ils engagent leurs compatriotes à secouer le joug étranger pour restaurer la dynastie nationale. A la suite de ce manifeste, ils répandent un manifeste plus important encore : ils s'attachent à rassurer les intérêts et à se dégager de toute solidarité avec les pillards qui, dans toutes les révolutions, sortent en quelque sorte de dessous terre pour pêcher en eau trouble à l'abri d'une cocarde ou à l'ombre d'un drapeau. Ce document est trop important et renferme trop d'indications précieuses sur le caractère réel de l'insurrection pour que nous en privions nos lecteurs :

« Lieou, le chef qui fonde la dynastie et réduit les contrées lointaines, ayant été spécialement chargé de promulguer la paix dans le Kiang-Nan, publie la proclamation suivante :

« Un ordre impérial nous ayant chargés, le général Yang et moi, de soulager le peuple et de punir les coupables, nous avons trouvé que notre cause s'étend rapidement partout avec une puissance irrésistible. Mais, tandis que nous avons tranché la tête aux magistrats cupides et aux officiers corrompus, nous n'avons fait aucun mal aux gens honnêtes du peuple. On doit néanmoins regretter qu'avant l'arrivée de nos troupes les contrebandiers du sel et les malfaiteurs de chaque endroit aient profité de l'occasion pour voler, piller, deshonorer les filles et les femmes. Notre général en chef a déjà chargé un commissaire spécial de rechercher ces bandits, de les arrêter et de leur couper la tête, jusqu'au nombre de plus d'un mille, afin de donner l'exemple aux autres.

« Maintenant, ayant appris que dans le Kiang-Nan bon nombre de ces pillards sont encore répandus dans les campagnes, et qu'ils dévalisent les citoyens qui se transportent avec leurs biens dans les fermes et les villages éloignés des villes, attentats des plus exécrables, nous avons, en conséquence, envoyé en avant quelques troupes bien disciplinées, afin qu'elles s'enquièrent, partout où notre armée doit arriver, s'il s'y commet des déprédations, et qu'elles prennent les noms et prénoms de tous les individus coupables de ces forfaits. Lorsque ensuite le chef-lieu de l'endroit sera pris, on vérifiera l'exactitude des rapports, et, s'ils sont prouvés, les habitants des hameaux coupables seront exterminés jusqu'au dernier, sans distinction d'âge ni de sexe. Les sentiments de bienveillance dont moi, commissaire, suis pénétré ne me permettent pas de mettre à mort qui que ce soit sans l'avoir dûment averti. C'est pourquoi je publie à l'avance cette proclamation, avec le désir que chacun fasse attention à ses actes et comprime les penchants de la cupidité, s'il ne veut être exterminé comme l'ont été deux villages à l'ouest et au nord de Ou-Hou. Vous habitants des villes, vous ne devriez pas les quitter en désordre de façon à vous exposer à être ainsi pillés ; dès que notre armée arrive, vous n'avez qu'à écrire sur vos portes ce mot : « Obéissant, » et si quelqu'un de nos soldats vous inquiète, il sera immédiatement décapité, pour servir d'exemple à tous. Que chacun obéisse en tremblant.

« Donné dans la deuxième lune de la quatrième année de Tièn-tè. »

Les actions humaines se ressemblent en tout pays, et, malgré la distance qui nous sépare de la Chine, plus d'un lecteur aura souri en retrouvant dans la proclamation précédente des coïncidences frappantes avec certains actes de nos épisodes révolutionnaires. Cette protection efficace, spécialement promise à ceux qui écriront sur leur porte *Obéissant*, ces arrêts de mort prononcés d'avance contre les pillards, reportent forcément la pensée vers une époque assez récente pour que le souvenir n'en soit pas effacé. Du reste, le trait frappant de cette pièce, c'est la preuve qu'elle donne de la discipline inexorable qui règne au camp des insurgés : dans les fastes de l'armée chinoise, la répression de certains excès est un fait inouï. L'officier qui commande dit au soldat : « Tremble et obéis, » et celui-ci en effet tremble et obéit, mais à la condition qu'on fermera les yeux sur ses déprédations et ses vices. Une armée chinoise, en campagne, traite avec une impartialité parfaite les amis et les ennemis : elle les dépouille tous également.

Si de l'ère des rois feudataires et de l'empereur Tièn-tè datait la répression des brigandages de l'armée chinoise, déjà ils auraient les uns et les autres bien mérité de leur pays. Mais ce n'est pas la seule réforme que le prétendant a l'intention de réaliser : en attendant qu'il soit à même d'opérer des changements radicaux, il se présente comme le restaurateur de l'ancienne bonne foi, de l'antique probité administrative, et comme le juge inexorable des mandarins corrupteurs et corrompus. En quelque sorte, il donne déjà des garanties de probité administrative. Lorsque l'armée insurgée occupe un pays, les fournisseurs des troupes sont payés avec des bons qui seront remboursés plus tard, lorsque Tièn-tè se sera emparé du trésor public. Les chefs révolutionnaires ont de plus porté leur attention sur les dangers auxquels sont exposés les êtres faibles et sans défense. Dès qu'ils arrivent dans une ville, ils érigent des maisons de refuge pour les jeunes personnes, et font inscrire sur la porte d'entrée cet avertissement catégorique : « Cet endroit est consacré aux jeunes filles ; quiconque aura l'audace d'en dépasser le seuil pour y commettre des désordres aura la tête tranchée ! »

Mais ce ne sont pas là, à nos yeux, les actes les plus significatifs de l'insurrection : dans ces derniers temps, les agents de Tièn-tè ont répandu un document de quelques lignes que nous recommandons spécialement à l'appréciation de nos lecteurs :

« Cette proclamation a pour but de vous inviter

à chasser les Mantchoux promptement et de partout, et à attendre l'établissement de notre cour à Nankin, où ceux qui subiront convenablement leurs examens recevront des degrés en proportion de leur mérite. Que les barbares des autres nations se tiennent à l'écart jusqu'à ce que, l'empire nous étant soumis, nous publiions une proclamation relativement au commerce. Quant à ces prêtres stupides de Bouddha et à ces jongleurs de Tao-se, ils doivent tous être réprimés, leurs temples et leurs monastères doivent être démolis, ainsi que ceux de toutes les autres sectes corrompues.

« Que chacun obéisse en tremblant. »

Chaque phrase de cette pièce remarquable a une valeur politique dont il faut déterminer le sens. Dès les premiers mots, ces rebelles intelligents nous apprennent qu'ils ne sont pas des démolisseurs stupides; ils nous disent quels seront les éléments de la nouvelle organisation, et ils nous annoncent que pour recruter le futur contingent de leur effectif gouvernemental, ils ouvriront des examens publics où chacun sera classé selon ses mérites. Dans la seconde phrase, ils conseillent aux Européens de pratiquer le système de non-intervention et de se tenir à l'écart d'une lutte dans laquelle ils n'ont aucun intérêt à débattre. Enfin ils s'adressent à *ces prêtres stupides de Bougdha, à ces jongleurs de Tao-se et aux autres sectes corrompues,* pour leur déclarer que leurs temples seront détruits et leur culte supprimé.

Quel est donc l'auteur de cette proclamation concise? Est-ce un disciple de Confucius ou un membre de l'union chinoise de Gutztaff? Il est impossible aujourd'hui d'être renseigné à cet égard, et nous restons dans l'incertitude en ce qui concerne les *autres sectes corrompues*.

Tout ce que nous pouvons savoir, c'est qu'à certains égards les insurgés tiennent parole, et, si nous sommes bien renseignés, à l'heure qu'il est, une des sept merveilles du monde, une de ces merveilles classiques que nous avons appris à admirer sur parole dès l'enfance, tombe sous le marteau des démolisseurs. Les temples bouddhiques de la Chine subissent leur invasion des barbares ; les sans-culottes rationalistes de l'Empire du milieu se ruent sur les œuvres d'art qu'une superstition poétique et féconde fit sortir de terre ! Ces glorieux monuments et la tour de porcelaine de Nankin vacillent sur leur base minée par de rigides réformateurs. On dirait que sur la terre entière les nations prennent à tâche de consacrer cette désolante vérité : que les conquêtes de l'idée s'achètent au prix des plus douloureux sacrifices, par la destruction des chefs-d'œuvre les plus remarquables de l'intelligence humaine. L'homme, ne connaît qu'une seule manière de protester contre le passé, c'est de renverser les pierres inoffensives qui se sont élevées au souffle de l'idée contre laquelle il combat. Comme les menaces des insurgés peuvent devenir une vérité, hâtons-nous de jeter un coup d'œil sur la tour de Nankin, sur cette relique du passé, dont le faîte élégant jonchera peut-être bientôt la terre de ses débris. Voici en quels termes l'un de nous a décrit le beau monument qu'il a vu de ses yeux et touché de ses mains :

« La tour de Nankin est le complément magnifique de la pagode Pao-Ngan-Se. Elle est de forme octogone, et n'a pas moins de soixante-dix mètres de hauteur. De loin elle paraît entièrement blanche : vue de près, on remarque des variétés de couleur et des dorures dans les ornements dont elle est recouverte. Un large stilobate en marbre brut sert de base au monument et forme tout autour un large perron auquel on arrive par une dizaine de marches. La grande salle servant de temple au rez-de-chaussée peut avoir de douze à quinze mètres de profondeur, et environ huit mètres de hauteur. Au-dessus de cette pièce s'élèvent successivement, de sept en sept mètres, neuf étages, séparés chacun par un toit ou corniche d'un mètre de saillie, présentant ces angles relevés si communs dans l'architecture chinoise. Un escalier peu commode conduit intérieurement jusqu'au haut de la tour, et à chaque étage on trouve une salle dont le diamètre va en diminuant à mesure qu'on monte. La masse du monument est en brique ordinaire, et a quatre mètres d'épaisseur à la base, deux mètres et demi au sommet. Tout l'extérieur des murs est revêtu de plaques de porcelaine blanche assez commune, joignant parfaitement. Dans les quelle joie ! Contentement parfait si elle accepte de prendre part au régal. C'est à qui lui tirera une chaise, lui versera du thé, le sucrera, se rôtira la figure à lu griller du pain. C'est une des bonnes heures de la journée ; aussi, dans leurs détresses et leurs petits chagrins, on entend les pauvres babys : *I want my tea !* C'est la perspective la plus réconfortante.

Mais les meilleures choses ont une fin. On sonne pour que tout soit emporté, et alors on se réunit de nouveau autour de la table. Une collection de livres d'images, des bergeries, des arches de Noé, des ménageries, des boîtes de construction alors couvrent la table et les petites langues vont leur train. Les enfants apprennent et récitent de petites poésies enfantines, — les *Nursery rhymes*. On leur enseigne à chanter des parties et à reconnaître les images de l'Histoire sainte. Ainsi s'avance la soirée. Souvent, vers sept heures et demie, on les habille pour les descendre à la salle à manger, au dessert. La prière en commun, puis le coucher, et la mère vient, le soir, baiser les petits fronts blancs reposant paisiblement, à demi enfouis dans les oreillers, au milieu des boucles blondes ébouriffées.

L'enfant élevé d'après la tradition française est plus gâté et moins heureux. Il sert de distraction à ses parents. A chaque instant on le trouve au salon, il le jonche de ses jouets, s'amuse bruyamment au milieu des conversations, y prend part, dit cent bêtises et finit, à force de naïve audace, par devenir redoutable. Un jour, une petite fille de quatre ans, questionnée sur ses préférences parmi les habitués du salon de sa mère, répond sans hésiter: « Moi, je suis comme maman, c'est le dernier monsieur que j'aime toujours le mieux ! » Tableau !...

Le matin et dans sa chambre, l'enfant français use ses vieilles robes; on lui fait faire de superbes toilettes dans lesquelles il est gêné, embarrassé, et dont il tire une ridicule petite vanité. Sa mère sort-elle en toilette, l'enfant l'accompagne et, au lieu de s'ébattre librement au soleil, de prendre un exercice salutaire, il va de salon en salon, bourré de bonbons partout et régalé de compliments aussi détestables pour son caractère que le sont les sucreries pour son estomac. Quelquefois il attend sa mère dans la voiture et s'occupe à faire des grimaces aux passants à travers la glace de la portière.

Et c'est en vain que l'on tâchera de faire concevoir à la mère les inconvénients de cette existence greffée sur la sienne. Elle pose dans sa maternité, elle s'y pavane et s'en délecte. Elle ne saurait, dit-elle, se passer de son amour chéri, de son trésor adoré. Le monde ne lui est de rien sans lui... il lui faut sa présence perpétuelle. Il est resté un peu de Jean-Jacques Rousseau dans la mère française. Le pauvre enfant est donc à la remorque de ses plaisirs. C'est un objet de distraction et d'amusement. Il s'en venge en devenant un despote, un tyran grognon. Il s'ennuie souvent; — il s'en prend aux autres, — se fait détester des domestiques obligés de subir ses caprices, pleure continuellement et est sans cesse grondé et puni.

Il grandit; ses toilettes de baby ne lui vont plus. Son âge vieillit sa mère; il est relégué dans sa chambre de plus en plus. N'y ayant ni ses habitudes ni ses plaisirs, il se sent exilé. D'ailleurs, la variété, l'absence de règle et de fixité dans sa vie l'ont rendu capricieux; il ne sait pas s'amuser; il n'a point l'habitude de s'occuper, et ses premières leçons sont de terribles luttes dans lesquelles la malheureuse institutrice doit le capturer comme un petit cheval sauvage. On se fatigue des scènes et des plaintes, on le met au collège ou au couvent, et il est parfaitement malheureux. Une mère intelligente sait éviter ces inconvénients, ses enfants ont une existence ordonnée et régulière. Repas, promenades, amusements, tout est prévu et se fait à heure fixe. Les mille obligations de sa vie mondaine n'interviennent en aucune façon avec ce train de vie. Elle les garde auprès d'elle le matin, et dans la soirée va de préférence les voir chez eux, de crainte de voir arriver des visites qui les obligeraient à remonter.

Elle les habille d'une façon uniforme — point de toilettes de gala, — mais des habits dans lesquels ils peuvent jouer, s'amuser, se rouler dans le sable. Rien n'est moins dispendieux que des petites robes décolletées, courtes et sans manches, dont la façon est on ne peut plus simple et qui s'égayent du plus petit ruban noué aux épaules. Pour l'après-midi, ces robes seront en tartan, en drap, en velours anglais l'hiver; l'été, en toile écrue, en jaconas avec une petite broderie. Pour sortir, un paletot bien coupé en drap; l'été, pareil à la robe. Avec un peu d'intelligence et d'entente, pour mille francs par an, on peut avoir des enfants admirablement tenus, et le chiffre est très large et permet un soin extrême dans les détails.

Si sa situation de fortune le permet, elle les fera mener en voiture au bois de Boulogne, tous les jours; sinon ils iront se promener aux Tuileries, mais leurs sorties seront pour prendre l'air et l'exercice nécessaire à leur santé. Enfin, elle mettra auprès d'eux une personne intelligente, les écartera du monde, de ses vanités, de son jargon, de ses conventionnalités, et leur donnera ce qui est l'idéal pour l'éducation, — la liberté dans un milieu sain.

Il y aurait cependant un écueil à signaler dans l'éducation anglaise. Les enfants sont souvent trop peu nourris et trop peu couverts. Le système de la suppression du dîner n'est bon que jusqu'à trois ans au plus. Ensuite, je trouve que les enfants doivent prendre un repas au moins avec leurs parents — et savoir parler français. — Il est ridicule de pousser l'anglomanie jusqu'à les empêcher de savoir leur propre langue, et ce cas est très fréquent.

En résumé, l'enfant ne saurait trop être entouré de soins intelligents et de chaque minute pour qu'on ne puisse pas dire de lui avec Dumas : « Quel dommage que ça devienne un homme ! »

II

L'ÉDUCATION DES ENFANTS

LES FILLES

VERS l'âge de neuf ou dix ans, quand arrive le moment de suivre les cours et les catéchismes, on donne aux jeunes filles une gouvernante, et alors commence pour elles une existence toute différente de celle de la *nursery*; en d'autres termes, la jeune fille sort des mains des bonnes.

Qu'est-ce qu'une gouvernante? Dans la

hiérarchie du ménage, elle tient le milieu entre la femme de chambre et l'institutrice. Elle n'est tenue à aucun des menus offices dévolus à la première et elle ne mange pas à table comme la seconde, mais elle est avant tout une femme de confiance qu'on ne saurait choisir avec trop de soin.

C'est avec leurs gouvernantes que les jeunes filles vont se promener à pied ; cette promenade se fait de préférence dans les grandes avenues peu fréquentées. Beaucoup de mères hésitent à laisser leurs filles se promener aux Champs-Élysées et encore moins sur les boulevards.

A partir de l'âge que nous venons de mentionner, la simplicité est de règle pour la toilette. Plus de robes de velours, de grandes ceintures nouées en papillons, de colliers chargés de médaillons. Les robes seront sombres et montantes, à coupe un peu puritaine, en laine, en alpaga, en jaconas. Plus de frisure, les cheveux nattés. Cette promotion n'est pas toujours agréable à la pauvre petite, mais il faut qu'elle se fasse une raison; le sérieux de l'éducation commence.

Donc tout d'abord il faut songer à lui orner le cœur et l'esprit. C'est assez dire que le choix d'une institutrice est aussi délicat que celui d'une gouvernante. Si l'on veut une instruction très complète, on prend une Française formée dans un des cours que fréquentent de préférence les gens du monde, celui de M. Prat ou de M. Rémy par exemple. Munie de ses diplômes, façonnée à la routine des études appropriées à l'intelligence des jeunes filles, cette institutrice aura un cours complet dans la tête, et si elle procède avec méthode, son élève pourra, à seize ans, affronter l'épreuve du premier examen.

Mais beaucoup de parents — à la vérité le plus grand nombre — se soucient infiniment plus de l'éducation de leurs filles que de leur instruction, et tiennent à placer près d'elles une personne capable de former leur conversation et leurs manières. Dans ce cas, on prend souvent une Anglaise élevée dans un des couvents catholiques de Londres ou de Northampton. On a ainsi des chances de mettre la main sur une véritable « lady », c'est-à-dire sur une personne digne de tenir sa place dans n'importe quel milieu, appartenant même quelquefois à une famille de *landed gentry*, petite aristocratie terrienne. C'est pourquoi on voit souvent en France le spectacle comique d'une institutrice très comme il faut côte à côte avec une mère qui ne l'est pas du tout. Et alors les filles prennent un terme moyen, ce qui donne quelquefois les résultats les plus bizarres.

Les jeunes filles ne paraissent pas quand leurs parents reçoivent *in fiocchi*. On les admet aux dîners intimes, mais ce n'est qu'à dix-sept ans qu'elles prennent place aux dîners priés et qu'on les voit aux réceptions.

A dix-huit ans, elles font leur début

dans le monde. On commence par les mener à l'Opéra; puis elles vont aux réceptions de carême et aux bals.

Il est d'usage qu'une jeune fille mette une toilette toute blanche pour ses débuts et qu'on la mène au préalable dans la journée faire une tournée de visites aux jours des personnes âgées amies ou parentes de sa famille.

Dans les familles titrées, l'aînée fille de l'aîné s'appelle Mlle de... simplement. C'est ainsi qu'on l'annonce dans le monde et qu'on fait part de son mariage. Quand il y a deux noms patronymiques ou que le père porte un titre différent de son nom, deux sœurs portent également quelquefois deux noms différents. Ainsi Mlle de Noailles et Mlle d'Ayen seront filles des mêmes père et mère. D'autres fois, il y a une alternance. Chez les Luynes et les d'Uzès, une génération s'appelle Luynes, l'autre Chevreuse. De même Crussol et d'Uzès.

Jamais une jeune fille du monde n'a de

cartes gravées. Sa mère écrit son nom sur la sienne. Il est admis aussi qu'elle ne doit pas ouvrir elle-même une lettre. On remet la lettre à sa mère, qui la lui donne ouverte ou fermée, selon qu'elle en connaît ou non la provenance. Une jeune fille ne porte pas de bijoux. Un petit fil de perles est toléré cependant. On ne la mène jamais dans d'autres théâtres que l'Opéra, les Français et l'Opéra-Comique. Aux courses très exceptionnellement, mais le retour des courses aux Champs-Élysées est permis. De même la promenade dans l'allée des Acacias. Le matin, elle monte à cheval avec son père ou va se promener avec son frère, si elle en a un, en poney-chaise. Il y a dix ans, on ne lui aurait pas confié les rênes, mais aujourd'hui Rotten-row a passé la Manche.

Jadis, cela frisait sainte Catherine de n'être pas mariée à dix-neuf ans. Aujourd'hui, la jeune fille est plus consultée, plus souvent appelée à choisir elle-même sa destinée qu'autrefois. Aussi n'est-il pas rare de voir des jeunes filles ne se décider que relativement tard.

LES GARÇONS

Lorsque l'enfant mâle est sorti des mains des femmes et qu'il est en âge de recevoir une instruction plus complète que l'alphabet épelé sous le doigt maternel, deux systèmes se trouvent en présence, le collège ou le préceptorat.

Dans les milieux où l'on tient par-dessus tout à l'enseignement religieux, les collèges à la mode sont, à Paris, l'établissement de la rue de Madrid et Stanislas. Juilly, aux environs de Paris, est également en faveur. Enfin, depuis les décrets qui ont dispersé certains ordres religieux enseignants, beaucoup de parents français envoient leurs fils chez les jésuites à Cantorbéry, en Angleterre. Cette maison d'éducation a contre elle l'éloignement ; mais, en revanche, elle assure, paraît-il, aux enfants des avantages hygiéniques appréciables.

Le système du précepteur à la maison est généralement du goût de l'enfant, la tutelle étant plus bénigne et les congés plus fréquents. Mais les bienfaits de l'émulation n'y trouvent pas leur emploi. On essaye de parer à cet inconvénient, dans plusieurs familles, en combinant les heures de leçon de telle sorte que l'enfant puisse suivre les cours des collèges de l'État, en qualité d'externe, et se mesurer ainsi avec des jeunes gens de son âge.

Mais, encore une fois, nous ne recommandons pas cette pratique, sauf dans les débuts et pour les basses classes. Il y a un âge de transition à ménager et l'adolescence est exposée à certains écueils sur lesquels nous n'aurons pas à insister. Une escapade est toujours facile quand le précepteur a le dos tourné, et des jambes de quinze ans sautent aisément par-dessus les règles qui veulent que jusqu'à l'âge de dix-huit ans, dans les familles où la tradition joue un rôle, on ne permette pas les sorties indépendantes.

Dans ces mêmes milieux, les garçons paraissent toujours à table aux grands dîners. On saisit même avec joie l'occasion de policer ainsi son héritier par le contact du monde.

Quant à la cérémonie du baise-mains, qui est devenue depuis quelques années le complément de l'éducation masculine, il y a là-dessus des règles qu'on enseigne de bonne heure. On ne baise les mains qu'aux parentes, aux femmes âgées ou à celles avec lesquelles on est uni par d'anciennes relations d'amitié ou de famille.

Inutile d'insister sur les arts d'agrément. On les enseigne de bonne heure aux garçons, surtout l'équitation. A partir de l'âge de neuf ou dix ans, on met ses héritiers à cheval, mais avec précaution. Gardé par son hack, sa selle, sa bride, surveillé par un professeur et un homme de manège, l'enfant ne risque pas de *come to grief*, comme disent les écuyers anglais. D'ailleurs, sur le chapitre de l'équitation, les mères elles-mêmes cachent leurs transes quand elles en éprouvent pour ne pas entraver les progrès de l'élève. Quelle est, à l'heure actuelle, la mère de famille dans l'aristocratie ou dans la haute bourgeoisie qui ne rêve pas de faire de son fils un officier de cavalerie ?

III

PREMIÈRES COMMUNIONS

Dès le commencement de mai, les premières communions s'abattent sur Paris comme un gentil vol d'oiseaux blancs. On les rencontre serrant frileusement leurs voiles de mousseline sur les épaules. Elles vont à l'église, elles en viennent. Elles sont allées chez une protectrice, chez une grand'mère qui ne sort plus, leur apporter l'étrenne de leur innocence, du sourire mystique où se reflète le bonheur de la visite au bon Dieu.

Dans les grandes demeures où l'enfant, choyé, adoré, est élevé comme une délicate plante de serre chaude, ce grand jour solennel et sacré est précédé par ceux de la retraite. Presque toujours les enfants riches vont à pied à l'église. Une délicate pudeur des richesses et des aises de la vie veut qu'on ne doive pas les distinguer des enfants du déshérité, leurs égaux devant Dieu. Voilà ce que la mère explique et ce que l'enfant comprend vite Les lois de l'égalité chrétienne sont choses d'instinct.

On va à la retraite, le garçon en petite veste, la petite fille les cheveux flottants, portant sa première robe longue. On se hâte. On arrive à sa place. On écoute attentivement le sermon. On échange entre amies quelques images signées de son nom, avec « Tendre souvenir de notre première communion ». On est silencieux, front baissé. L'abbé, le myope qui y voit si bien, passe et vient dire de sa voix là plus onctueuse : « Un grand recueillement, mes chers enfants ! »

La veille, c'est la confession et l'absolution. Que d'innocentes larmes versées ! Que de repentirs profonds et pour si peu !

L'exercice du soir, la seconde séance de la retraite, est consacré tout entier à rasséréner ces pauvres petites âmes troublées. L'abbé exhorte les enfants, les plaisante doucement, leur défend de se trouver mal le grand jour, indique les pages du manuel qu'il faut marquer pour le lendemain, se moque des étourdis qui commettent mille bévues sous l'empire de l'émotion, et les petits visages pâlis se colorent. On sera brave demain.

On rentre à la maison. Après dîner, la famille est réunie à l'heure de la tendre intimité du soir. L'enfant est prévenu. Il sait ce qu'il doit faire. Il s'approche de son père : « Papa, mon père, je vous demande pardon de tout ce que j'ai fait de mal à vous et à maman. » Elle est à genoux derrière lui, maman. Solidaire de son enfant, elle demande aussi bien pardon en son nom... On pleure... On est très heureux.

Puis, on va se coucher après une prière un peu plus longue que de coutume. Souvent un petit chuchotement sous des rideaux bleus et blancs : « Dors tranquille, mon amour. Tu sais, ton bonnet est arrivé. »

Le matin, à sept heures et demie, la grande voiture piaffe sous la voûte. Le cocher et le valet de pied ont des bouquets blancs. Toutes voiles dehors. La première communiante et sa mère y montent seules. L'enfant tout en mousseline blanche, rigoureusement simple, un petit bonnet de tulle blanc, le voile épinglé dessus, un chapelet en cristal de roche au bras, un livre couvert de moire blanche, la jupe tombant jusqu'aux pieds. C'est bien embarrassant, mais on s'y fait.

La famille, père, frères, sœurs, viendra pour le défilé à neuf heures dans le landau.

La mère a une toilette riche, mais sévère, prune ou saphir, un peu vieille pour son âge. Elle sourit, les yeux humides. Les enfants se réunissent dans la chapelle des catéchismes. On ne reconnaît plus les amies sous leur voile. Cela intrigue, on cherche, on parle à des inconnus. Mais silence ! les chants commencent.

Les deux grandes dignités sont celles d'intendant et d'intendante. Les mamans les convoitent avec âpreté pour leurs rejetons. Ces hauts dignitaires sont choisis parmi les premiers du catéchisme. L'intendant et l'intendante vont à l'Offrande, présentent le pain bénit à l'autel et mettent une pièce d'or dans le plat d'argent.

Le grand moment arrive. Les orgues versent des torrents d'harmonie, l'encens fume, les jeunes têtes s'inclinent. Dans l'enceinte réservée où se pressent les parents, que d'innocentes supplications, que de ferventes prières montent vers le ciel !

La sortie est un peu tumultueuse; un

grand déjeuner réunit à la maison toute la famille. La première communiante occupe la place d'honneur. Le repas est grave, presque silencieux. Ensuite, au salon, exhibition des cadeaux. On donne des livres, des objets de piété, des tableaux, des gravures de sainteté. Un grand luxe y est souvent déployé.

Dans l'après-midi, on fait une ou deux visites et l'on retourne ensuite à l'église. Puis, le soleil se couche sur le doux souvenir d'un beau jour, tout parfumé de paix, d'innocence et d'amour, un souvenir reposant, comme nimbé d'une lumière toute blanche.

IV

LE MARIAGE

Pour se créer une maison agréable, on n'a encore rien trouvé de mieux que le mariage. Seulement, c'est le cas de le dire, cherchez la femme. Pour la découvrir, le tact le plus fin, l'intelligence la plus lumineuse trouveront tout leur emploi. Le cœur, l'âme, l'esprit, l'éducation d'une jeune fille sont, pour le jeune homme à marier, aussi mystérieux que la caverne des quarante voleurs, car le *Sésame, ouvre-toi!* qui livre l'accès du mariage n'est trop souvent qu'une incantation périlleuse pour l'enchanteur.

Règle générale pour le jeune homme à marier : se méfier des milieux très provinciaux, très austères, où l'on pratique l'alpaga pour vêtement et la confiture pour dessert. L'inexpérience du monde, qui sera le lot de la jeune fille élevée dans de pareilles conditions, offre de graves inconvénients. Il faut avoir été prise toute petite pour être initiée à la stratégie qu'exige le rôle de femme mariée à Paris. Une jeune fille a-t-elle été élevée, même très soigneusement, dans une ville de province, Nantes, Poitiers, Toulouse, il y a gros à parier qu'elle partira pour la conquête de Paris avec toute l'audace de Perrette et toute la déveine de son pot au lait. Cela s'est vu.

Le plus sage et le mieux pour le jeune homme fortuné qui veut avoir en face de lui à table ce *rara avis* qui s'appelle une femme du monde accomplie, c'est de la prendre toute faite, en possession de tous ses moyens, active, spirituelle, possessive et indépendante comme l'est toute Française dans son beau développement, et., faire mentalement la part du feu.

LES ENTREVUES

La coutume anglaise — celle de régler soi-même sans préliminaires la délicate question qui décide de deux avenirs — semble vouloir s'implanter chez nous, mais le peu de liberté qui est encore accordé dans le monde aux rapports des jeunes filles avec les jeunes gens en rend la pratique fort difficile. On cite cependant quelques exemples d'unions conclues grâce à la seule initiative des parties les plus directement intéressées, mais les apparences n'en furent-elles point trompeuses? Ne s'est-il point agi d'une savante manœuvre maternelle qui, pour décider une situation pleine de promesses, mais hésitante, s'est servie d'une occasion favorable et, pour masquer son machiavélisme, a joué la surprise !

L'usage consacré veut qu'un mariage soit l'objet de longs conciliabules, de confabulations à des heures invraisemblables...

Ces conférences ont lieu partout, au bal, au théâtre, aux courses, au bois de Boulogne. Tout local est bon, pourvu qu'il puisse défier les oreilles indiscrètes. Si, de part et d'autre, les renseignements sont favorables, on arrange une entrevue.

Où aura lieu cette entrevue ?

Sommes-nous dans le gratin du faubourg Saint-Germain ? On se verra au salut de Sainte-Clotilde ou de Saint-Thomas-d'Aquin. Le futur sera avisé de la couleur du chapeau que portera la jeune fille, il devra s'effacer contre un pilier, voir sans être vu... Vaincre dans ces conditions-là est un peu difficile.

Sommes-nous un peu moins collet monté ? On choisira l'exposition des fleurs, quelque fête de charité. La jeune personne, avertie et curieuse, verra s'approcher un jeune homme presque inconnu, gêné dans une redingote toute neuve, et l'on échangera quelques mots... Enfin, les parents, plus curieux du bonheur futur de leur enfant que de la tradition, voudront une véritable entrevue. Elle se fera dans une maison tierce ou dans une allée écartée du bois de Boulogne. Les jeunes gens s'entretiendront à l'écart aussi longuement qu'ils le voudront.

Dès le lendemain, une réponse décisive doit être donnée. Si elle est négative de la part de la jeune fille, son père doit écrire, remerciant le prétendant de l'honneur fait à sa maison par sa recherche, le déclinant avec un vif regret, sous les honnêtes prétextes de l'âge, de l'éloignement des habitations à la campagne; il s'en trouve mille à choisir.

Une réponse affirmative ne doit pas être donnée catégoriquement. La mère alors prend la plume et, se servant d'une appellation un peu plus intime et familière que de coutume, commence : « Mon cousin. Cher monsieur. » La première formule peut presque toujours être adoptée dans l'aristocratie française, tant ces familles sont liées entre elles par la parenté. Elle signifie à son futur gendre qu'il peut venir ce soir-là même à quatre heures, que la porte sera fermée, sauf pour lui. En voilà assez pour lui faire connaître son bonheur.

LA COUR
TROUSSEAU ET CORBEILLE

Pour réponse, l'heureux mortel est tenu d'envoyer un bouquet — tout blanc, — et de ce jour, chaque matin, une gerbe fleurie — des roses, des camélias, des gardénias, des violettes — doit apporter son bonjour à la fiancée.

Les articles du contrat signés, — ce qui se fait dans les deux ou trois jours qui suivent, — la bague de fiançailles peut être offerte. Le fiancé la remet lui-même : c'est un saphir, une perle ou un rubis, — un diamant serait de très mauvais goût — Chaque soir, le futur vient dîner avec sa fiancée; sa place lui est toujours réservée à côté d'elle et, après le premier jour, il est traité comme de la famille, c'est-à-dire placé au bout de la table, quand il se trouve des étrangers. La soirée se prolonge assez tard; les fiancés vont causer à l'écart, sur le balcon, dans un salon voisin; — leurs voix murmurent des phrases douces... ils se racontent « des choses bien anciennes, les choses des cœurs primitifs ».

La cour, nom consacré de la période qui s'écoule entre les fiançailles et le mariage, dure généralement de six semaines à deux mois. C'est le temps normal et nécessaire pour le choix et la confection des objets innombrables qui composent le trousseau et la corbeille, sans parler des voitures, livrées, chevaux, mobilier, etc. Ce dernier article est généralement négligé, il demande trop de temps et de réflexion s'il s'agit de faire une installation nouvelle ; sinon, la fiancée préfère attendre, pour les embellissements et modifications qu'elle désire, le moment où elle sera en possession de la maison qu'elle doit habiter.

Une parente du fiancé, mère, sœur ou tante, est chargée du choix de la corbeille. Elle se compose des diamants et dentelles de fiançailles, de châles, de cachemire, deux sorties de bal, quatre toilettes de gala, des fourrures de zibeline, un flacon, une montre, une bourse contenant un certain nombre de pièces d'or, un porte-cartes, souvent on y joint un collier de perles et une robe de point d'Alençon.

La mère de la fiancée ou la fiancée elle-même se chargent du choix du trousseau. Mais un temps plus précieux encore est prodigué en pareille conjoncture. Conférences de couturières, essayages, éternelles attentes chez les couturiers et les couturières. Enfin, les paraphernaux sont réunis, tout est prêt ou promis et le jour du mariage peut être fixé. Ce sera un jeudi ou un samedi. Le mariage civil sera célébré la veille. Trois jours avant aura lieu la signature du contrat.

LA SIGNATURE DU CONTRAT

Le matin de ce premier jour solennel la corbeille est apportée à la fiancée.

Tous les objets sont renfermés dans un coffre en laque ancien, ou dans quelque admirable chiffonnier aux bronzes ciselés, les robes dans d'immenses cartons chiffrés. Le tout doit être remis par les deux plus anciens serviteurs du fiancé. Il est d'usage, dans les maisons aisées, de leur donner à chacun une gratification de cent francs.

On invite au contrat tout ce qu'on connaît; la fiancée porte une robe rose; les cadeaux sont exposés avec désignation des donataires. La corbeille occupe une table séparée; les invités vont d'abord apposer leur signature au bas du contrat et défilent ensuite autour des cadeaux.

Ce sont d'abominables corvées; la vanité en fait les frais, elles seront d'usage jusqu'à la fin des temps.

Le mariage à la mairie se fait sans aucun éclat; la famille même se dispense d'y venir. Seule, l'assistance indispensable se réunit autour de la table verte, le trait le plus saillant de l'appareil auguste de la loi.

Il est d'usage de laisser pour cette dernière soirée la fiancée toute à la famille qui le lendemain la perdra.

Les époux selon la loi se quittent donc au seuil de la mairie pour ne se revoir qu'au moment de partir pour l'église.

LE GRAND JOUR

Les filles du faubourg Saint-Germain se marient en robe de satin blanc; un voile de dentelles simplement posé sur les cheveux, retenu par la traditionnelle couronne de fleurs d'oranger. Elles se marient à visage découvert, sans fausse honte ; point de bijoux, le corsage entièrement montant.

Les deux familles se réunissent chez la fiancée, un peu avant l'heure fixée pour la cérémonie religieuse. Quand tout le monde est arrivé, le fiancé doit, après en avoir demandé la permission à sa belle-mère, envoyer un valet de pied prévenir sa future épouse. Alors seulement elle doit paraître, aller droit à son fiancé dans sa robe de mariée, et lui présenter, devant tous, son front à baiser. Elle fait ensuite un salut général à toute l'assemblée et monte immédiatement en voiture pour aller à l'église.

Sa mère, son père et un frère ou une sœur prennent place avec elle dans la voiture. Elle marche à l'autel au bras de son père, et au moment de prononcer le oui définitif, elle se tourne vers ses parents avec un geste de déférence respectueuse pour solliciter leur aveu. Un signe affirmatif lui répond. Le fiancé n'a point cette coutume à observer. Il est censé libre, le maître de la création.

Le jeune ménage doit s'éclipser à la sortie de la sacristie, disparaître sur l'apothéose religieuse, familiale et sociale que constitue une cérémonie nuptiale. En effet, Dieu bénit, les parents assistent, le monde vient voir, les humbles clients affluent, et quand le dorsay, attelé de deux steppers, disparaît au coin de la place, les nouveaux mariés partent entourés d'un certain halo de poésie.

V

LA LUNE DE MIEL

Où doit-elle s'abriter? Si le mari a une terre patrimoniale, il ne peut pas compter sur l'ombre et le mystère si chers aux cœurs épris. Il aura à affronter une réception enthousiaste organisée par son personnel, soldée de ses deniers et qui est autant dans le programme que la hallebarde du suisse à l'église. En tout état de cause, notre jeune ménage fera bien de choisir son abri à Fontainebleau, Saint-Germain, — praticable seulement en avril et mai, — ou encore à Frascati. C'est aux époux de se garer des fâcheux, chasseurs, villégiateurs, baigneurs intempestifs.

Alors seulement, après quinze jours, délai minimum, on peut se risquer dans sa terre et courir au-devant de la réception promise.

Cette cérémonie est réellement bien touchante dans certaines régions de la France, notamment dans l'Ouest. Elle emprunte un caractère patriarcal aux vieux usages du pays.

Quoi de plus joli que cette procession de carrioles rustiques attelées de bons et forts chevaux montés par les fermiers et les fermières dans leurs plus beaux atours, bouquets enrubannés, coiffes de noces, fichus éclatants faisant cortège à la voiture de la mariée !... Quoi de plus touchant que le vieux pauvre et la vieille pauvresse choisis parmi les plus respectables loqueteux de la contrée qui, se tenant chacun à la droite et à la gauche du seuil du château, reçoivent chacun, du seigneur et de la dame, une classique miche de pain beurré, afin que le premier pas fait dans la demeure de famille soit sanctifié par la charité !

Ensuite c'est la plus vieille des chambrières qui se présente avec une quenouille chargée de chanvre, nouée d'un ruban bleu. La jeune épousée la prend et va s'asseoir au coin de la cheminée, pendant que dans la cour d'honneur tous les fermiers déchargent leurs fusils. Puis les sœurs, qui tiennent l'école du village, arrivent avec leurs élèves : la plus sage présente un bouquet, la plus érudite débite un compliment. Un banquet et un bal champêtre sont de rigueur, et le tout se termine par un feu d'artifice.

Quelquefois ce dernier réjouissement cher aux cœurs villageois est adopté contre vents et marées. Dernièrement, un seigneur de haut parage, en pareille conjoncture, manqua le train. On banqueta et on dansa, en attendant le jeune couple, et comme il n'arriva qu'à cinq heures du matin on lui tira son feu d'artifice en plein jour.

Après trois semaines écoulées, rien de plus admis que de reparaître dans le monde. On arrive à Paris et, après avoir fait quelques visites dans la famille, on se montre aux théâtres, à l'Opéra ou aux Français, de préférence à l'avenue des Acacias, aux Expositions, etc. Alors commence la grosse affaire des visites de noces.

LES VISITES DE NOCES

L'usage veut que la jeune mariée soit présentée par sa belle-mère; mais, dans les maisons où cette dernière n'a point de relations, la mère lui supplée. En moyenne, dans les maisons aristocratiques, la liste, arrêtée soigneusement d'avance, porte de six cents à huit cents noms, et sur ce nombre, il est à peu près cent cinquante personnes, — douairières, femmes influentes, amies intimes, — qui doivent être visitées à leur heure. La société française tend à s'affranchir du joug des jours d'autrefois, — antiques et solennels. — où, depuis deux heures de l'après-midi jusqu'à six, on reçoit tout le monde sans exception, où le cercle est nombreux, où affluent trois générations, l'une par habitude, l'autre par bienséance, la dernière, la jeune, par devoir.

La jeune femme, dont le discernement est le partage, accomplit cette corvée avec rapidité et vaillance. Elle s'enquiert des tenants et aboutissants de chaque famille. Si elle appartient elle-même à une grande maison, ce travail sera rapide. Elle est tout naturellement au fait des parentés et des mariages. Il ne reste que la partie plus piquante, mais non moins essentielle, de la chronique contemporaine à lui enseigner, et elle y fait de rapides progrès.

Elle sait se vêtir suivant le goût des personnes qu'elle va voir. Certaines douairières sont effarouchées irrémédiablement par l'exhibition des modes actuelles dans leurs plus récents caprices.

Mettons pour aller les voir cette robe de velours frappé, ce manteau long garni de zibeline, cette capote de marabout... tandis que ce complet pimpant de satin gris argent ira chez la bonne grand'mère de notre amie intime. Une tante nous recevra, malgré son grand deuil, eu égard à la parenté... Un drap prune, passementé de noir, sera la mise appropriée.

S'habiller n'est pas le tout... Il faut s'efforcer discrètement de gagner les sympathies de la génération qui n'est plus la nôtre, savoir prendre de préférence la chaise vide auprès d'une vieille dame, l'entretenir agréablement, montrer de la déférence pour ses opinions, au besoin lui demander quelque conseil; quant à les suivre scrupuleusement, c'est autre chose.

Il faut se faire présenter à toutes les personnes que l'on ne connaît pas dans le cercle où l'on se trouve.

L'adroite jeune femme profite des premiers temps de son mariage pour se nouer des relations étendues et agréables. De la part d'une jeune mariée, rien n'est plus naturel et plus flatteur. Ce qu'elle fera dans ce sens un an ou deux ans plus tard sera loin d'avoir la même valeur. A ce moment-là sa dignité, sa situation sociale lui commanderont certaines réserves, tandis que la jeune mariée, en qualité de nouvelle arrivante, peut faire toutes les avances, témoigner du désir d'être présentée à telle personne.

Heureux temps où il lui est loisible de se faire aimer de tout le monde, même de son mari !

VI

COMMENT ON SE MEUBLE

On se rappelle l'inventaire du fameux duc de Gramont-Caderousse à sa mort. Quelques canapés dénués de style, des fauteuils et des chaises comme partout, une dizaine de gravures de chasses pendues aux murs, et c'était tout. Le duc appartenait à une génération de Parisiens qui ne s'occupait de son « chez soi » que pour y coucher, — le moins possible. C'était le temps où l'on vivait au dehors pour le dehors. Les assignations en conseil judiciaire mentionnaient les folies faites pour des attelages voyants, pour des soupers retentissants. Aujourd'hui, les folies d'argent sont casanières. Bien des jeunes gens dont le tout-Paris ne se doute guère se sont ruinés et se ruinent tous les jours pour eux, chez eux. Les prodigues ne cassent plus des assiettes dans les restaurants, ils en collectionnent en vieux Sèvres et leur patrimoine ne s'en porte pas mieux.

Mais ce n'est pas à ces outranciers du luxe intime que s'adressent aujourd'hui nos conseils, c'est à la masse du public qui, elle aussi, depuis quelques années, recherche avec passion le confort dans son intérieur, ce dont nous ne saurions la blâmer. On se fait mieux honneur de sa fortune en s'en récréant l'œil tout le jour dans la contemplation des objets d'art qu'en jouant les lords Seymour attardés sur le boulevard et aux Champs-Élysées.

Donc, ô lecteur, j'imagine que vous venez de prendre un appartement. Vous voici installé devant les murs nus de vos pièces. Qu'allez-vous faire ?

Tout d'abord je vous souhaite assez d'argent pour réserver une place au téléphone, dans votre office, par exemple, là où le allo! allo! traditionnel sera le mieux entendu.

Puis vient l'épineuse question du gaz. Les inconvénients de cet éclairage, vous les connaissez. Il noircit les tentures, réchauffe trop, et on peut toujours avec lui redouter les explosions. Ses mérites, en revanche, sont l'instantanéité avec laquelle il s'allume, l'adaptation facile aux lampes, la facilité d'entretien et l'économie. Balancez la somme des avantages et des inconvénients et, si vous m'en croyez, terminez par une transaction. Gardez le gaz pour votre cabinet de toilette, votre antichambre, votre cuisine (en maintenant, bien entendu, le fourneau à charbon de terre) et pour l'écurie.

Passons maintenant à l'ameublement.

Le style Henri II commence à se démoder. On en revient au Louis XVI plus sobre, plus net, et même à certains beaux modèles empire. Proscrivez tout d'abord le fouillis dont on a trop abusé, les amoncellements de peluches, de paravents, de tables couvertes de mille riens. Tout cela produit un étouffement qui n'est pas sain. Règle générale : évitez de vous adresser à un unique tapissier pour vous procurer les meubles dont vous avez besoin. Il vous mettrait sur les bras un mobilier dont vous vous lasseriez bien vite. Ne consultez que vous-même ou des amis sûrs, si vous vous méfiez de votre goût. Autant que possible, n'achetez pas tout en bloc. Guettez les occasions. Il y en a partout, principalement à l'hôtel des ventes.

Le grand salon est généralement décoré par le propriétaire, souvent trop. Tâchez d'obtenir qu'il y ait le moins d'or possible ; mais si vous n'avez pas gain de cause sur ce point, n'en profitez pas pour tendre les panneaux.

longtemps son attention et s'éloigner, dans les groupes pour choisir, tout en répondant aimablement sur son passage, son coup d'élection. Tâcher de ne pas donner au public le réfrigérant spectacle d'un mari qui s'ennuie ! Dès que les portes s'obstruent de ces pauvres gêneurs et gênés, adieu la joie de la fête ! Il faut s'y prendre d'avance et, au fond, il n'est pas très difficile de faire croire à quelqu'un que cela assomme, qu'il va s'amuser beaucoup.

Quant aux conversations, oh ! croyez-moi ! point de liberté de langage ! Les termes les plus choisis. Répudions et laissons aux adeptes d'une élégance fausse et frelatée le jargon d'écurie, les expressions triviales ; si l'une d'elles est indispensable pour peindre la pensée, qu'elle semble une anomalie dans votre bouche ; indiquez, ne la prononcez pas. Soyez bienveillante, ménagez le prochain, racontez peu d'histoires, ne dites jamais un birant pour un diamant, un huit ressorts pour une voiture, enfin et surtout taisez-vous quand vous n'avez rien à dire : c'est le secret de la conversation. A présent, on rentre, on se couche, on dort ! Et c'est bien gagné.

VIII

LE JOUR DE MADAME

Nous restons fidèles à l'ancienne formule : le jour de madame. Depuis quelques années, il est vrai, nous l'avons dit plus haut, beaucoup de dames ont remplacé le *jour* par *l'heure*. On reste chez soi, par exemple, tous les jours de 5 à 6 heures, ou encore deux jours de la semaine pendant la même durée de temps; mais l'antique usage a du bon. S'il est peut-être moins commode pour les personnes qui reçoivent, il l'est davantage pour celles qu'on reçoit, et, en somme, comme la charité, la politesse bien ordonnée ne doit pas commencer par soi-même.

Nous voici à l'époque de l'année où commence le grand coup de feu des visites, Mesdames, c'est votre calvaire qui commence, le grand calvaire des escaliers à gravir. Huit visites par jour en moyenne, calculez, statisticiens, le nombre de marches escaladées par les pieds féminins.

Et dire pourtant que ces épreuves pourraient être adoucies si quelqu'un prenait une initiative sur laquelle nous appelons l'attention. Quelle est la doléance éternelle que vous entendez sur les lèvres d'une dame qui revient de visite? C'est ceci ou à peu près : « Si encore, en allant voir Mme X..., j'avais pu monter chez Mme Z.. qui demeure à l'étage plus bas, mais, hélas! c'est demain seulement que reçoit Mme Z... Il est de fait qu'il y a là un abus criant. Ne pensez-vous pas que l'usage devrait s'introduire de fixer un jour uniforme, sinon dans tout un quartier, du moins dans une fraction de quartier? On saurait que le mercredi par exemple, on peut expédier deux ou trois rues derrière Saint-Thomas-d'Aquin ou derrière Saint-Augustin. La chose est moins impraticable qu'elle ne paraît au premier abord. Que deux ou trois dames influentes s'en mêlent, et les autres suivront avec empressement. Régularisées ainsi, exigeant uniquement quelques notions de géographie parisienne, les visites ne seraient plus une corvée.

Il n'y a pas de règle générale pour déterminer les visites que l'on est tenu de faire. C'est une question de tact. Pour les relations qu'on se crée tous les jours et qu'on veut entretenir, l'usage est de demander à une dame plus âgée quel est son jour. Entre dames du même âge, cette demande est faite par la plus empressée.

La femme, une fois mariée, se hâte de choisir son jour et son heure qu'elle ne peut guère abandonner que s'il lui survient un deuil ou une maladie. En ce cas, elle prévient par lettre qu'elle ne recevra pas de l'hiver et qu'elle ne fera pas de visites.

Il est trois heures — on ne reçoit guère avant cette heure-là. La maîtresse de maison est prête. Elle a revêtu une toilette un peu d'apparat, car maintenant on réserve pour son *home* l'élégance, et la simplicité pour la rue. Elle a mis des gants, pourquoi ? Mystère, mais c'est l'usage. Elle a surveillé l'ordonnance et le rangement de son salon. Il y a des fleurs un peu partout — beaucoup de dames s'en font envoyer directement du Midi pour leur jour — et des bonbons dans les coupes. Dans un coin du salon ou dans la salle à manger, la table à thé est dressée avec les accessoires obligés, un vin d'Espagne, des petits gâteaux secs, des pains fourrés de foie gras ou de jambon. Ce n'est pas madame qui servira ces friandises. Elle se doit toute à ses hôtes. L'office d'aide de camp sera rempli par une plus jeune sœur, une nièce, une jeune fille qu'on a sous la main. Ce n'est qu'à défaut de ces éléments qu'on aura recours à un domestique, car, dans les maisons où on n'en a qu'un, le valet de chambre a assez à faire d'ouvrir la porte et d'introduire.

Les visites arrivent. Madame se lève pour tout le monde, sauf pour les jeunes gens, bien entendu ; mais elle ne reconduit que jusqu'à la porte du salon. Du reste, elle n'a pas de fauteuils ni de chaises désignés. Elle va de l'une à l'autre de ses amies, si besoin est, toujours à son affaire qui est de grouper ensemble les gens ayant quelque chose à se dire et de ranimer les colloques qui menacent de s'éteindre. Comme on ne présente pas les dames entre elles, le grand écueil, ce sont les conversations où l'on parle de corde dans la maison des pendus. Aussi généralise-t-on autant que possible le sujet de l'entretien. A ce point de vue, les entretiens sur le théâtre sont la grande ressource.

On reçoit jusqu'à une heure avancée; mais, à six heures et demie, il est admis qu'on peut fermer sa porte. Les intimes seules ont le droit de forcer la consigne.

IX

CHEZ LES AUTRES

Tout d'abord, avant de commencer les visites, sachez-en exactement le nombre. Dans ce but, il est bon d'avoir un livre, un carnet sur lequel sont inscrits à chaque jour de la semaine les noms et les adresses de vos relations. En dehors de cela, vous n'avez besoin que de mettre dans votre porte-cartes, avant de monter en voiture, un petit papier plié en quatre sur lequel vous mentionnez les visites du jour. Ces porte-cartes, soit dit entre parenthèses, deviennent de plus en plus objet de luxe chaque année, avec leurs coins en vieil argent ou en or et quelquefois le chiffre en diamants.

C'est généralement par les visites de cérémonie que l'on commence la série, les dames âgées, les femmes auxquelles on n'est tenu de faire qu'une visite par an.

Très soignées, les toilettes de visite. Songez qu'elles fournissent un texte de conversation une fois que vous serez sortie. On doit être « en taille », car on laisse son manteau dans l'antichambre. Le chapeau est de même très habillé, sans voilette. Quand on a un valet de pied, on se fait suivre par lui dans l'antichambre où il tient le manteau; puis, la visite terminée, il reconduit sa maîtresse jusqu'à la voiture.

Avons-nous besoin de dire que les messieurs s'affranchissent de plus en plus de l'obligation des visites? Ils sont trop occupés ou trop censés l'être pour qu'on leur en sache mauvais gré. La franc-maçonnerie des maris a admis qu'une visite de la femme suffit pour remercier d'un dîner ou d'un bal. Quant aux célibataires, on exige plus d'eux. Il est vrai que, se trouvant seuls de leur sexe dans un milieu féminin, l'obligation leur est parfois très douce.

X

LA CHARITÉ MONDAINE

ET LES AUMÔNES

Les âmes charitables sont en éveil dès qu'on prononce devant elles le beau nom de charité, mais plus d'une peut s'appliquer le mot célèbre : « Ce n'est pas tout de faire son devoir, il faut le connaître. » Trop de fausses misères, trop de mendicités suspectes nous sollicitent et nous découragent. Or c'est donner deux fois que de bien donner.

Heureusement qu'à Paris l'art de la charité peut se pratiquer sans trop d'encombre. Passons en revue quelques-unes des œuvres fonctionnant sous de hauts patronages. En leur apportant son offrande, on est sûr de donner à de vrais pauvres et par conséquent de devenir les créanciers du bon Dieu.

LES ŒUVRES

L'Œuvre de la charité maternelle est présidée par Mme la duchesse de Mouchy. Fondée par la reine Marie-Antoinette, elle fut l'objet des soins très particuliers de l'impératrice Eugénie. Elle a pour but de secourir à domicile les femmes pauvres en couches. C'est cette œuvre qui a donné, il y a quatre ou cinq ans, une délicieuse fête champêtre dans l'ancien concert Besselièvre. Toutes les plus charmantes femmes de Paris y parurent costumées en bergères et en paysannes, vendant des fleurs, des objets, des bibelots. Le succès fut complet et la recette dépassa cinquante mille francs.

Le prince de Chalais a été le fondateur d'une autre œuvre, dite de la *Miséricorde*, qui consiste à secourir, toujours à domicile, les pauvres honteux.

Le prince de Chalais — ce grand chrétien, philanthrope plein de lumières — était veuf de Mlle de Beauvilliers Saint-Aignan. Il avait perdu sa fille unique, la comtesse de Choiseul, enlevée toute jeune à son affection, et il habitait avec son père, le duc de Périgord, et son gendre l'hôtel de famille rue Saint-Dominique. Le père, de quatre-vingts ans, traitait son fils de soixante avec toutes les traditions autoritaires d'autre fois.

Un jour, le prince de Chalais passait sur le pont rentrant déjeuner. Il voit un rassemblement, un homme se noyait. Se jeter à l'eau, le sauver, fut l'affaire de quelques moments; puis le sauveteur s'esquiva au plus vite. Mais il était trop connu dans le quartier pour garder l'anonyme de son dévouement. Il rentre en retard, subit une mercuriale sévère de la part du vieux duc et ne répond rien pour s'excuser. Le lendemain, le duc entre dans la salle à manger, et d'une voix tremblante d'émotion qu'il essayait de rendre grondeuse, jette un journal sur la table, avec ces mots : « Ne vous ai-je pas toujours dit qu'il était de très mauvais goût de faire parler de soi ? »

Depuis la mort du prince de Chalais, l'œuvre continue à répandre ses bienfaits sur maintes infortunes ignorées; mais tous ses membres sont en deuil de celui qui en était l'inspirateur et l'âme.

La Société des amis de l'enfance est présidée par la comtesse Aymery de La Rochefoucauld.

La princesse de Léon s'occupe des Enfants abandonnés, maison fondée par Mme de Kercando.

La duchesse de Bisaccia est la présidente des Enfants délaissés de la rue de Sèvres. La fête japonaise de l'hôtel Bisaccia comptera dans les fastes de la charité.

L'œuvre des *Tabernacles* était la grande préoccupation de cette charmante duchesse de La Rochefoucauld qui a laissé une réputation si méritée d'esprit. Cette œuvre consiste à distribuer des ornements, des vases, des linges sacrés aux églises pauvres. Chaque année, les fonds recueillis sont employés à la confection d'un nombre infini d'objets qui vont rehausser l'éclat du culte dans nos campagnes.

La duchesse de Fitz-James douairière et la baronne Reille s'occupent avec zèle des sœurs garde-malades des pauvres. Commencée bien modestement, cette œuvre a pris une extension considérable. La maison mère de la rue Violet à Grenelle envoie dans tous les quartiers pauvres de Paris ses religieuses. Elles vont soigner les malades à domicile, s'emploient à tout, font le ménage, remplacent la mère de famille alitée... Détail touchant, il ne leur est permis d'accepter qu'un verre d'eau dans les maisons, même quand elles passent la nuit au chevet des malades ; ces religieuses vivent uniquement de charité.

La duchesse de Chevreuse est présidente de l'Orphelinat de Ménilmontant.

Enfin, les pauvres des paroisses ont leurs protectrices ; le Gros-Caillou, la comtesse de Biron ; Saint-François-Xavier, la comtesse de Mortemart ; le quartier de la Villette, la comtesse de la Ferronnays.

Toute jeune femme qui se marie est pour ainsi dire obligée de quêter pour une de ces œuvres la première année de son mariage. Souvent, des liens de famille ou des promesses antérieures lui imposent un choix. Mais la partie pratique est toujours la même. La voici.

On écrit trois types de lettres. Une formule pour les indifférents et inconnus, une pour les parents, une pour les amis intime.

On les fait autographier au nombre de quatre, cinq et jusqu'à six cents ! A mesure que l'on fait ses visites de noces, on envoie ses lettres de quête, et l'on fait de même à l'égard de tous ceux avec qui le mari est en relations. Point n'est besoin de connaître personnellement le patient pour le rançonner. Une lettre de quête demande... ce qui se donne habituellement. L'argent est porté dans une enveloppe fermée avec une carte du donateur; il est bien d'y écrire une formule respectueuse. Une carte est remise au porteur en échange de la lettre d'envoi. Le nom de la quêteuse s'y trouve avec *mille remerciements*.

Voilà pour les œuvres. Mais la charité est ingénieuse de sa nature et elle a d'autres moyens de frapper doucement à la bourse des gens. En premier lieu, les ventes de charité dont il a été tant médit et dont nous ne parlerons pas aujourd'hui, car elles ne fonctionnent guère qu'au printemps. Les concerts réalisent aussi souvent de très beaux bénéfices, surtout quand le nom d'une artiste du talent de Mme la vicomtesse de Trédern est mis en vedette sur le programme. On nous dira que la vanité figure pour une bonne part dans les recettes de ces concerts, soit; mais c'est bien le moins qu'elle y acquitte le droit des pauvres, et son argent n'a pas d'odeur dans les taudis des déshérités.

LA CHARITÉ PRIVÉE

Promeneurs matinaux, avez-vous quelquefois croisé dans les rues, entre huit et dix heures du matin, des femmes vêtues de robes de laine noire, d'une jaquette toute simple, les traits dissimulés sous un voile épais? Vous leur avez trouvé une vague ressemblance avec telle ou telle dame de la société la plus choisie. Vos yeux ne vous avaient pas trompés. Ces femmes qui se cachent vont au rendez-vous de la charité.

On les rencontre dans les quartiers pauvres portant souvent un grand panier. Elles escaladent les étages et pénètrent dans les intérieurs sordides.

Elles vont droit au malade, prennent place à son chevet, l'interrogent sur ses maux, le plaignent et le consolent. Elles devinent les révoltes de la fierté... Alors elles s'adressent à la mère... et, un pauvre baby sur les genoux, elles disent de cette voix douce et claire des femmes bien élevées : « J'ai su que vous étiez dans la peine... Moi aussi j'ai des petits enfants... Ne faut-il pas entre mères de famille s'entr'aider ? Contez-moi vos chagrins... j'en ai eu, moi aussi... Je vous les dirai... » Et l'enfant pauvre, sentant une chaude tendresse l'envelopper avec le parfum de ces vêtements de femme élégante et soignée, plante un baiser sur la joue qui se penche... fait fondre la dernière glace en disant : « Elle est bonne... pas vrai, maman, la dame ! »

Dans chaque quartier les sœurs de charité spécialement chargées des pauvres sont les guides naturels des femmes du monde. Elles leur désignent les maisons où elles peuvent s'aventurer en toute confiance et celles où il ne faut aller qu'accompagnée.

Les bienfaits répandus ainsi sont innombrables et d'autant plus méritoires qu'ils restent cachés... Quand par hasard une femme est rencontrée, prise en flagrant délit de courses charitables matinales, on dit : — Ah! vous savez, Mme X..., elle trotte le matin chez des pauvres... la drôle d'idée! Et on parle d'autre chose.

LES AUMÔNES

Je m'aperçois qu'il reste peu de place pour les aumônes proprement dites, c'est qu'en effet, ces sortes de libéralités ne peuvent guère être réglées. On donne, selon son tempérament et aussi selon les rigueurs des saisons, aux pauvres de la rue, aux aveugles, aux estropiés, aux mendiants sous les porches des églises. Mais l'aumône la plus intelligente est celle qui s'approvisionne de bons de viande ou de pain, auprès de certaines œuvres philanthropiques, l'œuvre de Saint-Vincent-de-Paul, par exemple. On dit, il est vrai, que les pauvres revendent souvent ces bons. Qu'importe, si c'est à de plus pauvres qu'eux !

A LA CAMPAGNE

A la campagne, forcément, la charité se fait plus ostensiblement. Il y a chez le boulanger la liste du pain, chez le boucher la liste de la viande, revisées deux fois par an. Ce sont les secours accordés régulièrement en nature aux familles pauvres.

Aux approches de la Toussaint, il s'agit des vêtements. On fait venir du Bon Marché ou on achète directement en fabrique des pièces de cent mètres d'étoffe, des gilets et des bas par douzaines. On réunit les familles, et la distribution est faite. Très souvent la châtelaine va elle-même porter les paquets de vêtements, et ses enfants l'accompagnent quand elle a été contente d'eux.

La morale de tout cela, c'est qu'il est charmant de s'amuser dans les châteaux et dans les hôtels, mais meilleur encore d'être béni dans les chaumières et dans les mansardes.

XI

LE GRAND DINER

Il y a trois sortes de dîners : grands dîners, dîners d'amis, dîners intimes; le positif, le comparatif, le superlatif de l'agrément. Parlons d'abord des premiers. Quand on fait partie du monde, que l'on a un établissement à soi, on est tenu, dans une certaine mesure, à rendre les politesses que l'on vous fait, à inviter à dîner ceux qui vous ont conviés. Dans beaucoup de maisons, on choisit un jour, et chaque quinzaine ou chaque semaine on invite à dîner. Cette coutume a cela de bon qu'on n'est pas exposé à ce que votre jour soit pris par d'autres, et les plus désirables invités déjà retenus.

Le jour choisi, on compose la liste, et cette œuvre difficile demande passablement de tact et de réflexion. Il faut que les préséances, si peu et si mal réglées en France, puissent s'arranger d'une indiscutable façon ; le mieux, c'est de pouvoir donner la droite et la gauche à l'âge et au rang en même temps : sans quoi, si nous mettons l'âge et le rang en présence, l'un a beau être peu agréable, l'autre peu seyant à revendiquer, gageons que nous sèmerons une de ces petites vendettes de salon qui sont trop souvent du nombre des cailloux les plus coupants du chemin de la vie.

Rappelons, en passant, que les duchesses passent au premier rang, qu'il n'y a de princesses françaises que dans deux grandes maisons jadis souveraines, que les étrangères et les ambassadrices ont le pas sur les compatriotes. Ensuite viennent les cadets de familles ducales et princières. Quelquefois, on fait passer devant les chefs de familles non ducales. Dans le cas de doute, ami lecteur, prenez un bon conseil : donnez le pas à celles ou à ceux qui ont le moins d'esprit, que les premiers en intelligence soient les derniers à votre table, lorsqu'il y a doute ou hésitation. Ce sera moins dangereux, car la dignité est l'apanage des honnêtes gens, quand la susceptibilité est celle des sots.

La liste arrêtée, vous envoyez vos invitations quinze jours d'avance ; cela pare beaucoup de difficultés, vous avez le temps de remplir les vides causés par les refus. Projets de voyage, anniversaires de famille invitations préalables, raisons de santé voilà les seuls prétextes qui se puissent honnêtement alléguer pour décliner une invitation faite à l'avance. Jamais on ne doit manquer de mettre en avant une excuse. Refuser purement et simplement serait de très mauvais goût. Il impliquerait une raison blessante pour l'amphitryon.

Jadis, on dînait à six heures et demie. Le roi Louis-Philippe, à cette heure, déployait sa royale serviette. Nous avons retardé d'une demi-heure par dix ans. L'heure consacrée est aujourd'hui huit heures, et même quelques grands dîners suivis de bal ont lieu à la demie. On fait cela, allèguent les maîtresses de maison, pour abréger le temps qui forcément doit s'écouler entre la fin du dîner et l'arrivée des cure-dents, période de désœuvrement et d'attente qui amène un froid.

Rien d'absurde et d'ennuyeux comme un menu trop chargé et trop compliqué. Pour que ce repas soit agréable, il doit être court, complet, exquis : trois qualités difficiles à concilier. Il se fait actuellement un revirement contre la cuisine trop compliquée et recherchée. Un raffinement dans l'exécution de plats simples est plus de mise et plaît davantage. Les meilleurs cuisiniers sont ceux de l'école de la simplicité.

Le service à la française est délaissé, sauf dans quelques grandes maisons où il est imposé par l'argenterie de famille ; mais presque partout la table est décorée d'une profusion de fleurs jonchées sur la nappe, corbeille au milieu et aux extrémités, guirlandes courant d'un candélabre aux autres et d'une foule de bougies.

Certain dîner donné dans un hôtel princier du faubourg Saint Germain, à cinquante-cinq heureux mortels, était éclairé de six cents bougies... Plusieurs maisons exhibent le luxe de la vaisselle plate, mais l'usage semble s'introduire de produire au même dîner une variété de services. Ainsi les plats chauds dans la vaisselle plate, les plats froids dans du japon ou du saxe, le dessert dans du Sèvres. Le vieux derby est très recherché à présent, de même que le Chantilly et le Louisbourg. Les plats doivent arriver tout découpés de la cuisine et dressés de façon à être servis immédiatement. Rien n'est facile pour une maîtresse de maison, comme d'organiser le service. Le menu une fois arrêté, le maître de la maison indique les vins qui lui semblent appropriés. Un menu en porcelaine grand modèle est placé sur un dressoir, les plats et les vins y sont écrits dans l'ordre voulu. Le maître d'hôtel le consulte et s'y conforme. Ainsi nul ordre à donner, nulle explication ne vient troubler le service et interrompre la conversation, constituant ce qu'on appelle un « craquement », mot terrible aux amphitryons. Il faut établir la douce fiction que chaque jour l'on dîne avec dix-huit amis et que la coutume en a rendu la pratique d'une parfaite facilité.

Quant à la conversation, le mieux, c'est que la maîtresse de maison tâche franchement de s'amuser ; il n'y a de gaieté communicative que celle qui est de bon aloi, la vraie. Une autre condition, c'est de placer chaque convive avec tact et mesure dans un voisinage qui lui plaise, ne pas vouer un paquet à un homme d'esprit ; un triste à une joyeuse, une adepte du flirt à un vieux diplomate sans discernement, un jeune homme persuasif à une vertu revêche.

Un autre écueil à éviter est celui de souligner des questions de sentiment et de sympathie permises à peine pour le racontar du coin du feu.

Il est moins facile d'amuser ses invités après dîner. Presque toujours on invite quelques personnes, les invités du dîner précédent pour rendre leur politesse. Ces invitations se font souvent verbalement. On s'y rend vers dix heures et une soirée semblable remplit agréablement l'attente du bal où l'on ne se transporte jamais avant onze heures.

Les dîners d'amis sont infiniment plus agréables que les agapes mondaines et obligatoires dont je viens de vous parler. Pouvoir réunir fréquemment dix ou douze convives pris dans une coterie d'une cinquantaine de personnes constitue un des charmes de la vie de société. Pensez alors, vous qui êtes à la fois ami et amphitryon, que vous n'obéissez pas seulement à une obligation sociale et mondaine, votre devoir est autre et supérieur. Vous vous chargez trois heures durant du bonheur de ceux que vous aimez, vous avez pris sur vous la tâche de tuer leur temps qui a la vie si dure, d'accélérer leur vie qui coule si lentement. C'est l'éternelle plainte des hommes, et elle semble bien fondée, quand, en observant une réunion mondaine, on voit l'expression triste et lassée qu'un moment d'abandon ou de distraction donne aux visages... C'est un bien lourd ennui qu'il faut charmer. Le bonheur a été tiré à trop d'exemplaires et il faut, d'une main savante et sûre, redonner quelques coups de pinceau dans un coin oublié, qui de nouveau fassent sortir la lumière : problème difficile.

L'amphitryon groupe habilement ses convives, huit au moins, douze au plus; s'il le peut, il leur fera faire la connaissance de quelque lettré délicat, quelque poète exquis ; tant pis pour le poète s'il n'aime pas à comprendre qu'il joue le rôle d'ananas...

L'homme d'esprit, si parfois il a été pris dans un traquenard pareil, jouera franchement sa partie, se montrera éblouissant charmant, gagnera les suffrages, mais répondra, lorsque son amphitryon, enchanté du succès, l'invitera de nouveau à dîner : « Impossible, mon ami, je suis loué pour ce soir. »

Triste à dire, certaines vanités se prêtent volontiers à ces exhibitions, acceptent avec joie le tremplin offert. Dans un dîner d'amis, il est de bon goût de consulter les préférences culinaires et autres de ses convives.

Le service comporte une certaine élasticité. Chaque plat servi, les domestiques se retirent pour laisser toute liberté à la conversation et ne sont rappelés que par une sonnerie électrique dont le bouton est à la portée de la maîtresse de la maison. Jamais de soirée après le dîner.

Maintenant un large aparté à propos de dîners en ville. La chose en vaut la peine, car l'heure est venue d'agiter la sonnette d'alarme. De l'aveu de tout ce qui nous reste de fines bouches, l'art de la cuisine se perd. Assurément il se trouve encore des maîtres de maison pour donner pâture aux appétits en belle humeur, mais le beau mérite de faire manger les gens qui ont faim ! Elles se font de plus en plus rares, les vraies tables, celles où les gastralgiques s'asseyent avec la mâle résolution de sauter trois plats sur quatre et d'où ils sortent à la fois charmés et inquiets d'avoir fait honneur à tous les mets. Un prince, homme d'esprit, a dit : « Le paradis, c'est le moment où l'on mange ; l'enfer, c'est l'instant où l'on digère. » Aujourd'hui, l'enfer nous fait de moins en moins peur, car nous perdons de plus en plus la notion du paradis.

Quelles sont les causes de cette décadence ? Signalons-en quelques-unes, d'après le témoignage d'un certain nombre de gourmets éclairés, qui les flairent mélancoliquement depuis plusieurs années.

Tout d'abord, ces estomacs d'élite me signalent patriotiquement la déplorable influence exercée par les étrangers, si nombreux à Paris, sur la cuisine française. Ils calculent qu'en moyenne un chef français placé chez un maître anglais s'y gâte la main dans l'espace de deux ans. Au début, le maître le laisse faire par égard pour une renommée accaparée à beaux « souverains » comptants ; puis le goût ou plutôt l'absence de goût national reprend le dessus. On prie notre compatriote de renoncer à ses assaisonnements savants qui sont toute sa gloire, et on le fait déchoir au rang de simple « cuiseur ». Qu'il fasse bouillir son turbot et griller son « mutton chop », cela suffit. *All right!* Les Anglais injecteront là-dessus leurs mixtures horribles qui ont l'aspect et le goût de hanneton pilé, l'insipide « worcestershire » ou le nauséabond « anchovies ». La sauce fait passer le poisson, dit le proverbe. Qui est-ce qui fera passer les sauces anglaises ?

Après John Bull et son digne émule en cela, frère Jonathan, un des plus sûrs destructeurs des saines traditions culinaires; c'est le « rastaquouère » chez lequel les repas n'ont jamais lieu à heure fixe, où l'on déjeune tout le jour en réchauffant pour les retardataires. Défiez-vous aussi du cosmopolite, de l'homme néfaste qui a rapporté de ses tournées dans l'univers, avec un palais corrodé par tous les alcools et par tous les piments, des recettes infâmes et internationales, la crème aigre des Russes, le « gaspacho » des Espagnols, le rôti de singe aux bananes du Brésil, et qui a la rage d'enseigner dans sa cuisine ces diverses variétés d'empoisonnement. Il devrait y avoir des lois contre ces gaillards-là !

Mais les étrangers ne sont pas seuls coupables. Sachons reconnaître nos responsabilités personnelles. La cuisine, comme toutes les manifestations de l'activité humaine, a besoin d'encouragements éclairés. Or qui est-ce qui est de taille aujourd'hui à diriger un noviciat de cuisinier ou de cuisinière ? Autrefois, beaucoup de jeunes filles apprenaient de leurs mères les premiers rudiments culinaires. Une fois à leur ménage, elles pouvaient indiquer aux gens à leur service par où péchait un œuf sur le plat, ce pont aux ânes, ou une sauce blanche, cet écueil de tant de vocations. Aujourd'hui, si elles se décident à blâmer, elles se retranchent derrière le témoignage d'autrui et se troublent à la première objection technique de l'accusé. Combien connaissez-vous de maisons maintenant où, après un dîner intime de connaisseurs, le chef monte au rapport pour recevoir éloges ou critiques ! Combien m'en citerez-vous, surtout, où le maître de maison fasse de temps en temps, juge d'instruction clairvoyant et sévère, une descente dans sa cuisine ?

Ah ! s'il y descendait ! Comme il surprendrait vite le pourquoi de son médiocre dîner de la veille, de son piètre déjeuner de demain ! Comme il se méfierait tout de suite de certaines pratiques en usage depuis quelque temps ! Comme il verrait d'un mauvais œil cette marmite dans laquelle le cuisinier jette pêle-mêle des carcasses de poulets, des os de côtelettes, tous les détritus cartilagineux de la maison pour obtenir ce qu'il appelle ses glaces de viandes !

Que d'illusions il perdrait sur le talent de son chef quand il verrait cet indifférent puiser toute sa science de l'assaisonnement dans trois terrines renfermant trois sauces, l'*Espagnole*, l'*Allemande* et la *Blonde*, et passer sans discernement, Joconde du fourneau, de l'Espagnole à la Blonde et de la Blonde à l'Allemande ! Comme il s'expliquerait ainsi douloureusement pourquoi l'on trouve si souvent le même goût aux viandes blanches et aux viandes noires, à la blanquette de veau et au ragoût de mouton !

Soyez sûrs aussi que le maître de maison serait moins fier de ses pièces montées s'il en voyait travailler l'architecte. Il admirerait moins l'ordonnance de ces grands panthéons de gelée où les convives, par égard pour leur gilet, hésitent à porter la fourchette, s'il voyait pétrir devant lui le vulgaire saindoux qui forme le soubassement de l'édifice. Cette gelée même lui paraîtrait moins belle à l'œil s'il savait ce qui y entre de colle de poisson. Enfin et surtout il serait médiocrement ragoûté par le spectacle des manipulations, des coups de pouce, des massages à l'aide desquels on sculpte ces chefs-d'œuvre. De tous les arts qui charment la vie, la cuisine est celui où il est le moins agréable de sentir la main de l'artiste.

La décadence culinaire est-elle moins sensible dans les grands restaurants que chez

10.

les particuliers ? On le croirait à entendre chaque jour ces derniers dire en soupirant que tel ou tel plat ne se mange bon qu'au restaurant. Cela est vrai, mais n'en inférons pas que la cuisine des cabarets à la mode n'ait pas aussi de sérieux *meâ culpâ* à se faire. Si elle n'a pas déchu, en effet, en ce qui touche certains mets, cela tient à une cause unique, au grand principe de la division du travail. Apprenez, ô vous qui mangerez ce matin un poulet provençal dans quelque établissement renommé, que quatre fonctionnaires auront présidé à la confection de votre plat. Le premier fait sauter, le second fait les oignons et les artichauts, le troisième travaille à la sauce, et le quatrième dresse. C'est la simultanéité de ces fonctions rapidement accomplies qui fait l'exquisité d'un mets. Respect aux spécialistes !

Un grave problème de ménage se rattache intimement aux causes de la dégénérescence culinaire : du cuisinier ou de la cuisinière, lequel vaut mieux? Mettons les pièces du litige sous les yeux du public. Nous jugerons ensuite, et lui avec nous.

En principe, les dispositions, le flair, le génie se répartissent à dose égale chez l'homme et chez la femme. L'illustre Caresme et la Sophie du docteur Véron avaient été pétris dans le même limon. Mais chez la femme ces dons naturels se développent moins que chez l'homme par « l'acquis ». Un brevet de cuisinière s'obtient vite, au bout de vingt leçons données par quelque chef de cercle réputé pour sa bonne cuisine. Comme ces préceptes sont payés chèrement, la candidate en abrège quelquefois le nombre. Ce premier apprentissage terminé, munie d'un certificat du chef, elle cherche à se placer tout de suite comme cuisinière en titre pour rentrer rapidement dans ses déboursés.

Chez le cuisinier, la période d'initiation est plus longue. C'est généralement par la pâtisserie qu'on commence. Ces marmousets à toque blanche et à veste sale qui se coulent dans tous les rassemblements de la rue et qui lancent leurs paniers vides aux chiens du quartier sont des Vatels de l'avenir. Ils s'entraînent de bonne heure à leur haute destinée par le vol-au-vent et le godiveau, et ils savent par conséquent déjà l'orthographe de leur métier quand ils entrent, eux aussi, dans un cercle comme apprentis cuisiniers.

Mais c'est là, à notre sens, leur unique supériorité sur la cuisinière. Pour commencer, ils coûtent plus cher. Leur danse de l'anse du panier n'est plus de la danse, c'est du vertige. Mieux encore qu'une cuisinière, un cuisinier se reconnaît à ce trait que, s'il se présente dans une maison riche, il est très coulant sur la question des gages. Qu'est-ce qu'un « fixe », si sortable qu'il soit, auprès de l'aléa des tours de bâton ? On m'a cité un chef célèbre qui n'a pas craint un jour de demander au maître de maison qui l'engageait le chiffre de son train annuel :

— Si monsieur dépense moins de deux cent mille francs, ajouta-t-il, j'aime mieux ne pas faire affaire avec monsieur. Je ne m'y retrouverais pas.

Ce personnage a dû s'y retrouver souvent, car il est mort en laissant une fortune considérable et, en somme, honnêtement acquise. Il prévenait.

Question de grattage en dehors, la cuisinière offre encore bien d'autres avantages. Si elle prise quelquefois — et encore de moins en moins — elle ne fume pas, et chacun sait que rien n'oblitère le goût comme l'usage du cigare ou de la pipe. Elle a également moins de propension à se dépraver le palais en goûtant plus que de raison le vin des sauces au vin. De plus, étant femme, elle est plus malléable aux conseils, partant, plus susceptible de s'amender. Enfin, notez que dans beaucoup de grandes maisons, le chef est un roi fainéant qui fait faire le dîner par les aides, va pendant ce temps à son café et n'en revient que pour distribuer majestueusement les indications de la fin. Au moins la cuisinière opère elle-même et peut se perfectionner ainsi tous les jours. Pour toutes ces causes, rallions-nous à son bonnet blanc.

Ils ont versé dans mon sein bien d'autres doléances, les gourmands attristés dont j'ai parlé en commençant. Sous la dictée de leurs regrets, je pourrais déplorer la multiplication des manuels de cuisine trop savants dont on n'exécute que par à peu près les recettes à peu près inintelligibles, la substitution trop répandue du four à la broche, l'usage de plus en plus fréquent du fourneau à gaz, cet ennemi du « mitonnage ». Mais il est bon, surtout en parlant cuisine, d'éviter la satiété. Déjà même je croirais en avoir trop dit sur cet objet s'il ne se rattachait à une question qui a son prix, celle de l'hospitalité bien entendue. Brillat-Savarin fut un narquois qui se plaisait aux formules solennelles disproportionnées avec le terre à terre du sujet, mais n'y a-t-il pas beaucoup de vrai au fond dans la maxime placée au frontispice de son livre :

« Convier quelqu'un, c'est se charger de son bonheur pendant tout le temps qu'il est sous notre toit. »

XII

LE BAL

AVEZ-VOUS cinq ou même dix mille francs de trop, de vastes salons, de la jeunesse de bonne volonté autour de vous, donnez un bal.

Moyennant ces trois conditions, rien au monde n'est plus facile d'organisation. On convoque un matin son tapissier et son fleuriste. Ces industriels sont en possession du matériel voulu. Le premier devra compléter votre éclairage, lequel sera tenu d'être éblouissant. Le second s'occupera de disposer artistement de nombreuses jardinières qui prennent la place des bibelots et porcelaines de prix retirés soigneusement des salons. A cet égard, cependant, prenez garde de pécher par l'excès des précautions. N'enlevez que ce qui est fragile ou ce qui peut être emporté dans le tourbillon des jupes. Il y a des appartements tellement dénudés en vue d'un bal qu'on a l'air de danser dans une salle de comice agricole.

Un usage qui tend à se propager est celui de disposer dans les jardinières d'immenses blocs de glace destinés à rafraîchir l'atmosphère. Cette attention vous fera bénir de tous vos contemporains, et le nombre en est grand, qui ont des dispositions à suffoquer dans la température équatoriale de nos salons parisiens.

L'intérieur des cheminées doit disparaître sous les fleurs et sous les groupes de plantes vertes. De grands palmiers savamment disposés décorent le vestibule et l'entrée.

Puis vous songez à un grave problème :

asseoir vos invités sans restreindre par trop le périmètre exigé par les danses. Dans certaines maisons très élégantes on répudie les traditionnelles chaises en damas rouge louées au tapissier, ou du moins on les alterne avec un régiment de pliants assortis à l'ameublement des salons et tenus en réserve pour les nombreuses réceptions.

Reste l'orchestre. Règle absolue, il faut qu'il soit entendu de partout. Le strict minimum, c'est un piano, un violon et un piston.

LE COTILLON

On fait choix d'avance du jeune homme bon danseur, plein d'entrain et d'imagination qui doit mener le cotillon.

C'est une spécialité rare et enviée. Le marquis de Caux, le comte de Gontaut-Biron, le comte du Luart ont tour à tour conquis la reconnaissance des maîtresses de maison dans le faubourg Saint-Germain.

A présent, ce sont le comte Louis d'Andigné, le comte Jean de Beaumont et M. de Vatimesnil, le fils du veneur bien connu, qui se partagent la faveur de ces salons.

Les accessoires du cotillon ont subi la loi de la mode. Il y a encore quelques années, les figures exigeaient des accessoires compliqués, tels que des marmites à légumes, des fontaines avec des roseaux, des cœurs avec des clefs. Ces brimborions coûtaient fort cher, mais ils restaient à la maîtresse de maison, qui pouvait les faire resservir. Aujourd'hui ils coûtent tout aussi cher, mais... ils ne resservent pas, car les danseuses les emportent. Ce sont des éventails de gaze ou de satin, avec la date du bal peinte dessus, des miroirs de Venise, des bouquets de fleurs artificielles, des ombrelles de satin à manche doré, des hottes en jonc doré remplies de fleurs, des chapeaux de bergère en paille. Dans certaines maisons, on a donné jusqu'à des petits bijoux porte-bonheur; mais ces dernières libéralités ne doivent être exercées qu'avec réserve. Mieux vaut s'en tenir aux jolis riens.

C'est une politesse qu'on fait aux maîtres de la maison de rester au cotillon. C'est presque obligatoire, si l'on est en âge de danser, quand le bal est donné par des parents ou des amis intimes.

LA RÉCEPTION DES INVITÉS

Le grand jour arrive. La livrée doit être sous les armes à neuf heures.

Dans les grandes maisons, deux hommes d'écurie en tenue ouvrent la porte du vestibule à tous les arrivants. Ces hommes sont en culotte de peau et en bottes à revers ou en culotte de panne et bas de soie, selon la saison, car ils doivent se tenir dehors. Les valets de pied sont rangés en haie dans l'antichambre. Deux hommes en noir se tiennent à la porte des salons.

Il est de règle d'annoncer. Quel service cet usage ne rend-il pas à la maîtresse de la maison ! Allez donc mettre six cents noms sur six cents figures dans le tohu-bohu d'invités se pressant sur les talons les uns des autres !

Si d'aventure — tout arrive — une tête couronnée vous fait l'honneur de venir à votre fête, un chambellan vous avise de l'heure exacte de son arrivée. Le maître et la maîtresse de la maison, avec leurs enfants, vont recevoir leur hôte auguste au bas de l'escalier. A l'entrée dans les salons, les membres de la famille lui sont présentés. Il fait le tour des salons avec l'hôtesse de céans. Si le chambellan vous a prévenus de l'intention de Sa Majesté de souper, on la prie de désigner les convives de sa table. Le départ s'effectue de la même manière que l'arrivée.

Ce cérémonial est adopté également dans tous ses détails pour une Altesse, à cela près cependant qu'on n'est pas tenu d'aller recevoir au bas de l'escalier un prince non régnant ou non héritier présomptif.

LE SOUPER

Jadis, il y a quinze ans de cela, il était de rigueur, pour le plein succès réputé d'une fête, qu'elle se prolongeât jusqu'à des heures invraisemblables. Cet usage, qui s'est perpétué en province où les occasions de danser sont rares, n'est plus de mise aujourd'hui. Depuis que la promenade matinale au bois de Boulogne est passée dans nos mœurs, il est rare qu'un bal dure plus tard que cinq heures, à moins que ce ne soit un bal costumé. Très souvent, à quatre heures la fête est terminée.

On ferme à minuit les portes de la salle à manger pour dresser le souper sur le buffet. Les personnes qui ne restent pas pour le cotillon en profitent pour se restaurer, si le cœur leur en dit. On commence le cotillon vers deux heures. Alors on referme les portes et, après la figure finale, les danseurs trouvent de petites tables toutes servies de six à douze couverts. Souvent même on apporte des tables dans les salons. La maîtresse de la maison prie les femmes auxquelles elle désire faire le plus de politesse d'inviter qui elles veulent à leur table.

LA TOILETTE

Après la dernière guerre et les trois ou quatre années qui ont suivi, on a adopté les toilettes sombres, les robes de tulle foncé, le loutre, bleu marine, gris de fer. A présent, on s'est voué au clair, rose, bleu, saumon, soufre, etc. Les jeunes filles et les jeunes femmes ont adopté les costumes courts, les étoffes légères, tulle, crêpe ou gaze, avec profusion de fleurs naturelles.

Détail à noter. Beaucoup de nos élégantes passent bien moins de temps qu'on ne croit à leur toilette. Elles ont une telle habitude du harnais de guerre que les préparatifs de bataille sont rapides. Beaucoup d'entre elles ont même renoncé au coiffeur. Elles se coiffent seules ou avec l'aide de leur femme de chambre, chiffonnant de leurs propres mains tulles et fleurs et disposant les diamants dans les cheveux.

Jamais on n'arrive au bal avant onze heures. Si l'on compte y rester longtemps, on renvoie sa voiture — quand on en a une — et l'on fait stationner dans l'antichambre le valet de pied auquel on confie sortie de bal et mantille. Ce valet de pied, madame, au moment de votre départ, s'occupera de vous faire avancer un modeste fiacre et vous rejoindrez ainsi votre demeure où tous les souvenirs du « bal éblouissant, du bal délicieux », comme a dit Victor Hugo, viendront « rire et bruire à votre chevet ».

XIII

LES BALS COSTUMÉS

LES bals dont nous venons de parler sont les bals en habit noir et en robe décolletée, ceux que dans le vieux vocabulaire mondain on appelait les bals parés; mais les bals costumés méritent une mention à part. Ils seront toujours de mode? Pourquoi! Faut-il admettre que nos tristesses présentes aient plus que jamais souci de se réfugier dans les oripeaux éclatants ou folâtres des époques disparues? Peut-être. Mais il y a aussi à cette persistance de faveur une raison que nous donnait hier une maîtresse de maison.

— C'est une grande ressource, nous disait-elle, que les bals costumés. Sur dix personnes que vous invitez, il y en a une bonne moitié qui ne vient pas, soit par ennui de se travestir, soit par économie, et vous pouvez faire ainsi double de politesses.

Cette considération n'est pas à dédaigner dans une ville comme Paris où les sociétés se confondent chaque jour davantage; où l'on se trouve avoir facilement, avec les amis des amis, trois mille invitations à lancer dès qu'on se risque à donner à danser.

En principe, un bal costumé ne donne pas beaucoup plus de peine aux organisateurs qu'un bal ordinaire, rien n'étant à changer dans l'ordonnance générale. Un conseil cependant. Ne tentez l'aventure que si vous avez à votre disposition des locaux qui se prêtent à la destination projetée. Je n'oserai pas vous engager à acheter un hôtel uniquement dans ce but, mais confessez pourtant qu'un bal costumé ne bat vraiment son plein d'élégance et surtout de pittoresque que dans un hôtel, et cela parce que l'escalier de cet hôtel, au moment où arrive le flot des invités, est à lui seul une des principales attractions de la fête. Un des souvenirs les plus charmants qu'on emporte d'un bal donné dans un hôtel, c'est le stationnement des curieux étagés le long de la rampe de l'escalier, regardant arriver tout le monde, suivant des yeux l'ascension et la descente de toute cette variété harmonieuse de costumes de toutes les époques. Eux-mêmes les spectateurs échelonnés forment une mise en scène qui frappait tout de suite agréablement l'œil des nouveaux arrivants.

L'intervention du maître de la maison doit également se signaler pendant la période préparatoire du bal, à un autre point de vue. Le maître de maison aura à sonder habilement les intentions de ses hôtes;

quitte à faire savoir à tel ou tel que son costume projeté sera loin d'être une primeur. On évite ainsi la monotonie d'une exhibition trop multipliée de travestissements identiques. Il est bon aussi que l'amphitryon veille à ce que les cortèges, noces de village et autres, entrées historiques ou burlesques, aient le champ libre au milieu des assistants et qu'on soit prévenu de leur arrivée. Un cortège bien organisé est souvent le clou d'un bal.

Voilà tout. Cela fait, le maître et la maîtresse de maison n'ont qu'à laisser leur monde s'amuser et à s'amuser eux-mêmes le plus possible de l'amusement d'autrui.

Il nous reste maintenant à parler de leurs invités et à résoudre ce grave problème du costume à mettre sur lequel a pâli tant de fois l'ingéniosité de nos contemporains.

Article premier. — Imposez-vous la règle de vous costumer à l'air vrai de votre visage. Vous, madame, dont le nez se retrousse agréablement, ne vous laissez pas placer une Marie Stuart ou une patricienne romaine. Vous, monsieur, dont les favoris blonds se découpent le long d'un visage rosé, n'arborez pas le chef afghan ou même le reître du XVIe siècle. Actuellement, il n'y a pas de genre adopté plutôt qu'un autre. Il y a quelques années, on s'inspirait d'une pièce en vogue. Aujourd'hui, quand on est embarrassé, on va au musée du Louvre et l'on fait copier par sa costumière un portrait ancien. Ne craignez pas de vous habiller ou tout en blanc ou tout en noir. Cela se détache agréablement sur le bariolage des couleurs. Un conseil aussi. Ne vous affublez pas d'une perruque. On ne sait pas qui l'a portée avant vous et cela tient bien chaud. Des mèches savamment arrangées suffiront pour assurer l'illusion nécessaire.

Quant aux personnes mûres, elles ont tort d'être souvent rebelles à l'idée de se travestir. Un homme âgé fait très bonne figure en doge ou en astrologue, et quant aux mères et grand'mères, on n'exige pas d'elles une métamorphose rigoureuse. Il leur suffira de se faire une tête. Avec une mantille et un peigne, ou encore un bonnet à la Mme de Maintenon, elles répondront amplement aux désirs des maîtres de maison.

Autre règle non moins absolue, mesdames : ne vous adressez pas pour vos costumes à de petites couturières ou encore moins aux ciseaux de votre femme de chambre. Le costume implique le costumier ou la costumière. Seuls, ces artistes mâles ou femelles ont l'expérience et l'habileté voulues.

Par exemple, ils jouissent de la réputation méritée d'être toujours en retard. Dans un bal récent, une jeune dame que nous connaissons a pesté jusqu'à onze heures du soir, sa costumière lui ayant manqué de parole. Enfin le costume arrive. A peine endossé, il craque dans le dos. On a dû réveiller des ouvrières dans le quartier pour réparer tant bien que mal le dommage, et la dame est arrivée au bal..., quand les lustres s'éteignaient.

Pour parer à cet inconvénient, je vous conseille un tout petit truc. Si le bal où vous allez a lieu, par exemple, le mercredi, au su de tout Paris et de la costumière, dites à cette dernière, en lui faisant votre commande, que vous avez besoin du costume pour la veille, où il doit figurer dans un dîner en petit comité. De cette façon vous avez des chances d'être servie à temps.

Deux dernières recommandations, cette fois pour le sexe fort. D'abord, n'abusez pas des costumes exigeant l'épée ou le sabre. Ils sont encombrants et c'est la mort des jupes de tulle où ils s'empêtrent. Ensuite, si votre costume ne comporte pas de poche, faites-vous-en coudre une tout de même, dissimulée. On est trop malheureux de n'avoir où mettre ni sa clef ni son mouchoir, ni l'argent du fiacre qui vous ramène, ni la délicieuse cigarette qu'on hume à la sortie.

Quant à l'habit rouge qui a décidément détrôné le manteau vénitien, rectifions une erreur répandue. On croit communément que la culotte courte est d'ordonnance. C'est inexact. La culotte courte n'est de rigueur que lorsqu'un souverain ou un prince régnant assiste au bal. La règle est donc simplement le pantalon noir avec l'habit rouge.

Et maintenant fermons les yeux et revoyons dans une visite rapide les beaux bals costumés de notre génération. Place aux jolis lundis de l'impératrice si mouvementés, si gais, avec cette salle des Maréchaux étincelante de lumière, de paillettes et de diamants où passaient comme un éblouissement tant de beautés aujourd'hui grand'-mères. Quelle fut la plus belle ? Nous l'ignorons. Mais nous avons entendu dire à un connaisseur qu'il n'avait jamais vu d'apparition plus radieuse qu'un soir où la comtesse de Castiglione entra en costume Louis XVI de velours noir. L'effet fut tel que pas une rivale n'osa risquer la moindre critique.

Parlerons-nous de ce fameux bal du ministère de la marine où cinq dames d'une imposante beauté figurèrent les cinq parties du monde ? Ce jour-là, la vieille Europe eut tort. Tout le monde admira longuement la scrupuleuse fidélité ethnographique avec laquelle on avait reproduit les habillements primitifs des peuplades équatoriales.

Dans nos souvenirs récents, les deux plus beaux bals dont on ait parlé ont été donnés, l'un à Madrid par le duc de Fernan-Nunez, l'autre à Paris, par la princesse de Sagan. Ce dernier était une fête villageoise qui avait pour cadre naturel le jardin de la princesse, lequel est presque un parc. Quant au bal Fernan-Nunez, il défie toute description. Les costumes les plus étonnants étaient ceux de la comtesse Mançanedo en Marie-Antoinette, reproduit exactement d'après le portrait de Mme Vigée-

Lebrun, et celui de la duchesse d'Albe en grande dame du XVIe siècle. Comme hommes, le marquis de Castrillo en patricien de Venise et le duc de Tamamès en Louis XIII ont été fort admirés; notons que presque tous ces costumes venaient en droite ligne de Paris.

En résumé, vivent les bals costumés! Ils ont un triple avantage qui a bien son triple prix. D'abord ils amusent tout le monde, même les gamins qui se massent à l'entrée dans la rue pour voir arriver les invités. Ensuite ils font aller le commerce encore plus que les autres bals; enfin, ce qui n'est pas un mal dans le temps d'ignorance qui court, ils nous forcent à apprendre, tout le temps que nous méditons notre commande de costume, un petit bout d'histoire et de géographie.

XIV

LA TENUE DU SOIR

En dehors des bals, dont nous avons parlé, il y a d'autres soirées, ce qu'on appelle par exemple des « choufleuris », à l'occasion desquelles certaines femmes novices peuvent être embarrassées. Une amie vous écrit ou vous dit entre deux portes de venir le lendemain soir chez elle, en petit comité, devant une tasse de thé. Vous pourrez peut-être vous croire autorisée à mettre une robe montante, et vous voilà entrée à l'heure dite dans le salon. O désappointement!... Toutes les dames sont en toilettes claires et ouvertes. Vous voilà confuse, agacée, désolée de passer pour une dame de compagnie et regrettant amèrement votre coin du feu. Conclusion. Défiez-vous de ces invitations qui n'ont l'air de rien. Mieux vaut être trop habillée que pas assez, en vertu du dicton « qu'il vaut mieux faire envie que pitié ».

La tenue du soir au spectacle varie selon les théâtres.

A l'Opéra, pour les jours d'abonnement, si vous êtes dans une première loge, ou même dans une seconde de face, c'est la grande toilette décolletée qui est de mise. On n'épargne ni les fleurs ni les diamants. A l'amphithéâtre, robe montante et chapeau clair.

Au Théâtre-Français, pour les jours d'abonnement ou pour les premières, on porte la toilette de soirée ouverte, et on est en cheveux. Bien entendu, si on va au bal en sortant du théâtre, il est très admis de paraître dans sa loge en costume de bal; mais alors on met sur ses épaules une mantille de dentelle ou un voile de tulle.

A l'Opéra-Comique, les jeunes filles sont en cheveux. Les mères ou les jeunes femmes sont en chapeau clair et en robe montante. L'usage est le même pour les théâtres tels que le Gymnase, le Vaudeville et en général tous ceux où l'on ne dissimule pas sa présence. Si l'on se risque dans les cafés-concerts, on adopte la robe sombre et le chapeau également peu voyant. C'est le moyen d'indiquer aux curieux qu'on tient à passer inaperçue.

Quant aux messieurs, ils n'ont pas grands frais d'imagination à faire pour la tenue du soir. Le costume du parfait maître d'hôtel de restaurant est toujours bien reçu partout où l'on se présente. Il n'est pas de maître de maison, si modeste qu'il soit, qui puisse être bien venu à vous dire : « Comment ! vous avez arboré la cravate blanche pour venir chez moi ? » attendu qu'il ignore si vous ne venez pas de dîner en ville et si vous n'allez pas le soir dans un bal en sortant de chez lui. Aussi, remarquez que la cravate noire avec l'habit ne se porte plus guère quand la saison de Paris bat son plein.

Quant au chapeau à claque, beaucoup de jeunes gens élégants y ont renoncé pour le dîner en ville. Cette innovation n'a pas été adoptée par tout le monde. Les deux écoles sont en présence, Aristote, dans le chapitre des chapeaux, n'ayant pas d'avance tranché la difficulté.

XV

LE FLIRT

GRAND'MÈRE, j'ai-flirté ! confessait une innocente les yeux rougis de par la gronderie maternelle.

— Ah ! ma fille ! si vous inventez de nouveaux péchés !

L'émoi de l'aïeule était-il justifié ?... oui et non.

Dans le monde il est une infinité de façons de jouer son rôle. Beaucoup le marchent. C'est la majorité. On voit dans les salons des femmes naturelles, polies, sans brillant, disant remarquablement ce que l'on attend d'elles, couvrant du vernis de la bonne éducation une nullité inoffensive.

Elles vont dans le monde par habitude et par bienséance, pour y garder leur place, pour faire comme les autres. Elles attendent, pour se retirer, le mouvement des premiers partants, et ne songent pas plus à s'amuser qu'à s'ennuyer.

Personne ne pense à les courtiser, pas plus qu'on ne cueille un dahlia pour le mettre à sa boutonnière.

Mais, à côté des dahlias, il croît des roses. Regardez... prenez-en, plein les mains, plein les yeux... passionnées, tourmentées sur leur tige flexible ou droitement fières.. laissant pendre leurs pétales lassement, ou encore les redressant en coupe dans un adorable mouvement de grâce et de fantaisie.

Sentez-les... donnant une odeur fine, parfois intense, parfois légère, presque impalpable, délicieuse comme la promesse d'une joie inéprouvée.

Celles-là, elles sont faites pour la gaieté, pour la parure... et quelquefois, pour le bonheur. Mais il ne s'agit pas de cela ! Souvenez-vous que nous nous promenons dans un jardin et que les enfants bien élevés ne touchent à rien ! Ce serait bien monotone si l'on ne pouvait jouer... eh bien ! jouons, badinons, rions, blaguons pour parler le français moderne. Voilà le roi des salons, — plus maître que la politique, l'art, la littérature, qui pour le coup jouent ici un vrai rôle de comparses — le flirt !

Il y a deux façons de flirter : la sérieuse, la badine.

Ne croyez pas qu'il faille retrousser ses manches et, pour pratiquer la première, faire grande dépense d'énergie. Ce n'est pas un exercice de force, c'est un tour d'adresse. C'est le jeu de bilboquet du sentiment.

Les femmes qui le pratiquent sont généralement jolies, plutôt petites, aux traits fins, nettes dans tout leur appareil de guerre; — du bout de leur ongle rose traité chaque matin au polissoir, jusqu'à l'extrémité archipointue de leur petit soulier, tout est tenu, astiqué, bouclé, verni... Tout se prête, se cambre, s'harmonise dans une correction qui paraît naïve tant elle est savante. On dirait que cet oiseau sur une branche a lissé ses plumes toute la nuit.

Elles ont de grands yeux qui parlent, qui rient, qui savent même un peu pleurer.

Leur art, j'allais dire leur truc, c'est de persuader à autrui qu'elles le trouvent très intelligent et qu'il doit l'être en effet, puisqu'elles sont loin d'être bêtes, — c'est elles qui le disent! Elles ont un, deux, trois, cinq ou six flirts, peu importe le nombre; ce qui est essentiel, c'est de jouer pour chacun un instrument différent.

On prend soin de les placer chacun sur un terrain de goûts et d'habitudes à part... Celui-ci aime le sport, c'est un assidu du Bois le matin. Il dresse des chevaux, il fouette des chiens ; sa conversation a une douce saveur d'écurie. Il saura l'heure de la promenade à cheval ; il surveillera piqueur et palefreniers, commandera les voitures et choisira les chevaux neufs. Il aura la faveur de petits conciliabules intimes où il jugera, en dernier lieu, de la coupe d'une livrée. On le mènera essayer l'habit neuf ; il recommandera les deux rangs de boutons, dernier cri de *Rotten-Row*.

Celui-là est un lettré, un savant ; il a écrit un gros article sur l'idée de l'immortalité dans la littérature annamite.

On l'expédiera à la Librairie nouvelle choisir des livres ; il apportera, pliées dans le même papier, des opinions sur la comédie du jour, sur le livre d'hier.

Il lira des vers, tout haut, à l'heure du thé, tandis que les chers petits moinillons du *five o'clock* se bourrent de tartines de beurres et de sentiment à la fois.

Et puis, s'il devient, ce flirt littéraire, un peu plus pressant qu'il ne convient, —

depuis le bouquin de Francesca et de Paola, les livres ont la manie de s'effondrer sur les tapis, — on lui dira que la communion des âmes, la sympathie de l'intelligence... enfin on lui fera comprendre que l'esprit doit se passer de la lettre, et qu'un joli-bonsoir doit contenter un honnête homme d'ami. Le thème est excellent.

Cet autre est un maître juré ès science mondaine. Il sait le bibelot, le tableau, le dosage exact du sang bleu dans les veines d'un chacun, les jours, les heures de réception, les fêtes futures, les petits potins printaniers, les gros potins d'automne.

Il sera chargé de piloter le bateau de son Égérie à travers les rochers, les périlleux bas-fonds de la mer orageuse du *high-life*. C'est lui qui conseillera l'empressement ou la réserve. Il dressera les listes d'invités, rédigera un menu pour un dîner politique, un autre pour des sportsmen, un troisième pour de petits ménages gais. Il comprendra quand on dira : « Si je ne suis pas du dîner de quarante-huit couverts de la duchesse, j'en serai malade. »

Cet autre n'est ni sportif ni mondain. Sa qualité est autre et supérieure. Il est peut-être moins décoratif, il est plus utile, voire même nécessaire, pour compléter l'assemblée qui, sans lui, manquerait de l'élément le plus intéressant. Il aime, il aime sans espoir, sans récompense, sans encouragement, il aime aussi fatalement qu'on est nègre; il a la mélancolie de l'esclave unie à la résignation du martyr. Il est triste et soumis; jamais une révolte incommode, jamais une folle espérance; son rôle lui plaît et il s'y complaît; il en a le parti pris, et, pour très peu, il avouerait que toute réalisation lui vaudrait la banqueroute de l'idéal.

Et ainsi, en sayant timonier, sans un faux mouvement, sans un fléchissement, une petite main savante et forte mène l'attelage, se garant des rencontres, trouvant des percées, arrondissant les tournants, et le public spirituel, en voyant passer le *four-in-hand* apprécie un des prodiges de la raffinée civilisation contemporaine.

Tel est le flirt sérieux. Plus d'art y est mis en œuvre qu'il n'en fut employé depuis vingt ans pour gouverner la République. Quant au flirt badin... c'est bien autre chose. C'est la ressource des femmes d'esprit, qui, comprenant à la fois le sérieux de la vie et l'amusement du monde, concilient le soin de leur bonheur et la recherche du plaisir. Elles murent leur intérieur, refuge sacré, aux joies de la famille et à la franche amitié; et elles s'amusent sans scrupule au dehors.

Ingénument, gaiement, en bons petits camarades, elles se sont mises avec aisance sur un pied de blague intime, gamine et drôle... Elles paraissent dans un salon... sitôt un cercle se forme autour d'elles... et un feu de mille riens s'allume, clair et vif, plaisant comme le fagot des soirées d'octobre. Et si, rare occurrence, parfois l'incendie se déclare, c'est bien peu de chose : en deux plaisanteries, l'égaré est ramené sur le terrain permis.

Nombreuses sont ces popularités mondaines; Que faut-il pour les acquérir? peu de chose, décrier son prochain, aimer à rire, aimer à plaire. Un peu de beauté, beaucoup d'esprit, du naturel et de la gaieté.

C'est un sceptre doublé d'une marotte; — heureuse celle qui sait se l'approprier et en secouer longtemps les jolis grelots.

XVI

L'ARBRE DE NOËL

EST-CE réveil du sentiment religieux? Est-ce tout simplement le résultat de l'anglomanie qui met *Christmas* à la mode chez nous comme il a mis le *lawn-tennis* ou le *polo?* Je ne me prononce pas à cet égard; mais ce que je constate, c'est que Noël a repris singulièrement faveur depuis ces dernières années. On le fête maintenant dans certaines familles avec autant d'allégresse que le jour de l'an.

" Entendons-nous cependant. Le réveillon,

le classique réveillon n'est guère admis dans les foyers paisibles. J'irais presque jusqu'à dire que la messe de minuit est devenue, dans certaines églises envahies par les curieux des deux sexes, une sorte de spectacle mondain qui en éloigne plus d'un fidèle. Il est inutile qu'un temple chrétien se transforme en lieu de rendez-vous pour noctambules.

C'est seulement donc le matin de Noël que la gaieté reprend ses droits en toute justice, et depuis quelques années, je le répète, beaucoup de familles s'ingénient à célébrer de leur mieux cette grande journée. Mais c'est surtout les enfants qui battent des mains à la date du 25 décembre. En dehors du soulier classique placé vide dans la cheminée et retrouvé rempli le lendemain, un usage ancien, longtemps négligé, a aujourd'hui complètement ressuscité partout l'arbre de Noël.

Mères de famille, laissez-vous guider par moi. Allez d'abord chez un fleuriste ou au marché aux fleurs acheter un sapin, le plus haut possible, car il est bon que la cime touche le plafond de votre salon. Cela fait, adressez-vous directement à un confiseur spécial. Il y en a qui fournissent tout ce qui constitue un arbre de Noël.

Rien de plus joli que l'aspect d'un arbre de Noël, mais à condition que rien n'y manque. Il faut que la moindre petite branche plie sous le poids des objets attachés par des faveurs de différentes couleurs. Ces objets sont, en général, outre des jouets, bien entendu, tout ce qui brille, tout ce qui fait écarquiller des yeux d'enfant, par exemple des noix dorées, des boules, des soleils, des étoiles en verre soufflé ou en métal. Et pour illuminer le tout, un magnifique éclairage *à giorno* composé d'innombrables petites bougies de toute nuance qu'on fait tenir toutes droites aux branches en les fixant délicatement avec un peu de cire.

Que si vous voulez donner des cadeaux plus sérieux, l'usage est de les mettre autour de l'arbre, sur la caisse dans laquelle ce sapin est planté, avec le nom de chaque destinataire. Mais toute fête a une fin, les bougies s'éteignent. Dès que l'obscurité commence, on donne le signal de la tombola. On tire alors au sort tous les petits jouets accrochés à l'arbre, et vous entendez d'ici les cris de joie et les trépignements des gagnants.

Si après cela, madame, le goûter que vous servez à vos petits hôtes sort de chez un pâtissier consciencieux, si vous avez eu la bonne pensée d'exhiber une lanterne magique, si vous vous êtes mise au piano pour faire danser une ronde, vous n'avez pas perdu votre journée et, au moins jusqu'au jour de l'an qui apporte d'autres ivresses, tout votre petit monde gardera un souvenir enchanté de votre arbre de Noël.

XVII

LE GUIDE DES ÉTRENNES

C'EST dès le commencement de décembre que les gens avisés commencent à faire leurs emplettes pour le jour de l'an. On n'est pas encore bousculé dans les magasins. Le choix des objets à acheter est plus varié. On se les procure à meilleur compte. Triple raison pour se presser.

Mais, au préalable, il est bon de prendre une feuille de papier et d'inscrire sur une liste les noms des personnes auxquelles vous avez quelque chose à donner. Ce petit travail n'est pas aussi simple qu'il en a l'air. Chaque jour, nous voyons des gens fort embarrassés de savoir si dans tel ou tel cas ils feront bien de donner des étrennes et dans quelle mesure ils doivent pratiquer leurs libéralités.

Ainsi une question délicate est celle de préciser dans cet ordre d'idées les devoirs d'un célibataire vis-à-vis d'une maîtresse de maison chez laquelle il est reçu. Tel ou tel jeune homme, par exemple, se croit tenu d'envoyer des bonbons et des fleurs à une femme pour une unique invitation qu'il a reçue dans le cours de l'année. C'est un peu exagéré. De même on ne doit rien pour une invitation de bal. En réalité, il n'y a d'obligation de cadeau qu'au bout d'une dizaine de repas pris pendant l'année dans une maison, et, dans ce cas, comme nous venons de le dire, un simple envoi de fleurs ou une boîte de bonbons suffit amplement.

Si l'on est intime, si, selon l'expression consacrée, on a son couvert mis chez les gens, le cadeau a le droit d'être plus important. On peut, dans ce cas, envoyer un joli bibelot ou, mieux encore, des joujoux aux enfants — s'il y en a; — mais il n'est pas admis qu'on fasse un cadeau trop personnel à une femme, des bijoux par exemple. Un familier, un commensal habituel fera bien, en outre, de donner, comme on dit vulgairement, la pièce au domestique qui le sert à table.

Puisque nous voilà sur le chapitre des domestiques, épuisons-le. L'usage est de donner à ses gens un mois de leurs gages, mais c'est un maximum que nous indiquons là, et encore dans le cas où les domestiques sont à votre service depuis un an au moins. Dans les maisons où l'on engage des serviteurs au mois de décembre, on se borne à leur donner une légère gratification au jour de l'an. Autre source de profit pour les domestiques. Quand ils apportent chez vous une étrenne, il est d'usage de leur donner un léger pourboire. Cinq francs par exemple.

A l'égard des concierges, l'étiage des libéralités est moins fixe. Il monte ou descend selon le degré de services que vous rend ce fonctionnaire. Tel ou tel célibataire à existence modeste, mais dont le concierge est l'unique serviteur, est forcé de se montrer plus généreux qu'un ménage riche, pour lequel ledit concierge n'est qu'un simple tireur de cordon. En principe, le chiffre de trente francs pour un locataire qui a des domestiques nous semble suffisant; mais si ce locataire est médecin, avocat, homme à clientèle, il fera bien, au point de vue de ses intérêts, d'être très large à l'égard d'un homme qui peut trop aisément dire : « Monsieur est sorti. » Ajoutons que dans les maisons à ascenseur, où le concierge accompagne les visiteurs et fait aller la manivelle, ce surcroît de travail mérite d'être rémunéré.

Dans les cercles, il y a un tronc où les membres sont invités pendant huit jours à déposer leur offrande. On donne dix francs en moyenne lorsqu'on passe devant cette boîte que les valets de pied ont soin de placer bien en vue. Les valets vous regardent du coin de l'œil, entendent sonner la pièce qui tombe, constatent que ce n'est pas le son d'un bouton de pantalon, se lèvent respectueusement sur votre passage et se partagent le soir la recette. Très ronde souvent, cette recette dont plus d'un théâtre se contenterait.

Quant aux cadeaux de mari à femme, de femme à mari, de père à fille, d'ami à amie, etc., il n'y a pas, il ne peut pas y avoir de règle absolue. Le cadeau sera toujours subordonné, d'abord bien entendu à la fortune, ensuite au degré d'affection, et aussi à la façon plus ou moins subtile dont on a surpris tel ou tel désir exprimé.

Disons cependant que, du mari à la femme, l'étrenne la plus agréablement acceptée est l'étrenne argent. C'est elle, malgré sa simplicité, qui sera toujours jugée la plus ingénieuse.

En dehors de l'argent ou d'un désir soit exprimé, soit deviné, le mari n'a que l'embarras du choix, avec cette réserve, toutefois, qu'en général les dames aiment que les étrennes soient bien à elles, pour elles seules. Un tableau de prix destiné à orner le grand salon fera toujours moins leur affaire qu'un rang de perles de la même valeur.

Nous venons de parler des perles. Tous les maris ne sont pas en état d'offrir un pareil luxe à leurs femmes. Nous pouvons dire que, dans un ordre d'idées moins coûteux, un manteau de loutre, un bel éventail à plumes assorti avec une toilette de bal seront très bien agréés. En cas d'embarras, nous nous permettons un petit conseil. Que les maris n'hésitent pas à acheter des dentelles. Il n'y en a jamais trop dans une garde-robe féminine, et c'est bien là un cas où le cadeau peut être proportionné à toutes les fortunes, car on peut offrir depuis le vieux point de Venise à quatre ou cinq cents francs le mètre, jusqu'à la simple valenciennes qui coûte dix fois moins et qu'on peut employer à tout.

Bornons-nous à ces indications. Nous ne nous permettrons pas de donner des conseils qui exigeraient d'ailleurs trop de détails. Une tournée ou deux dans les magasins éveillera plus d'idées chez nos lecteurs et nos lectrices que nous ne saurions leur en inspirer. Ajoutons cependant en terminant qu'on agira sagement dans ces visites en faisant d'une pierre deux coups et en songeant aussi à Noël, qui, ainsi que nous l'avons dit, est devenu depuis quelques années, à la grande joie des bébés, une vraie répétition générale du premier de l'an.

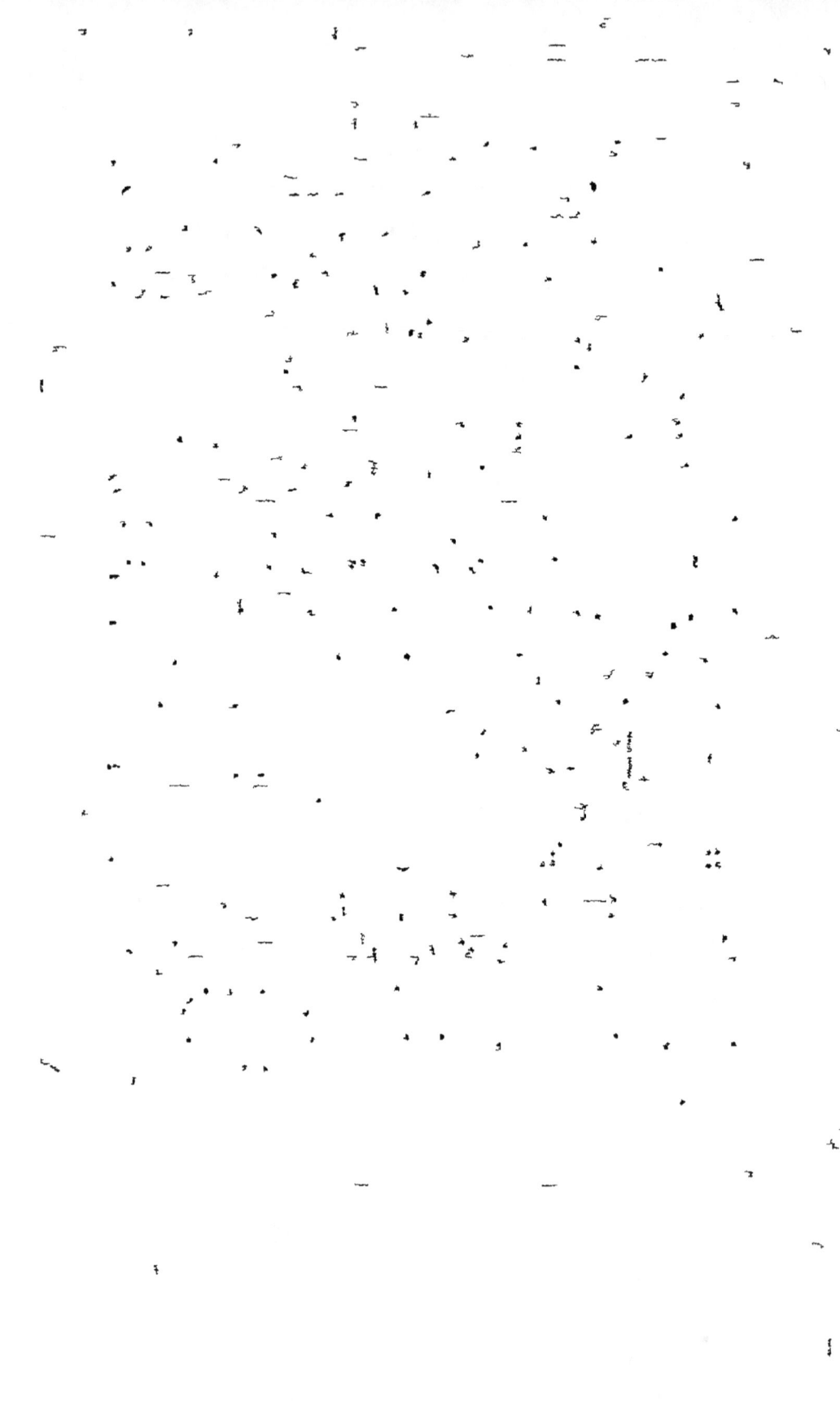

XVIII

AUTOUR DU DEUIL

Sans venir refaire ici, après tant d'autres, la phrase consacrée sur la vénération de Paris pour ses chers morts, je dois constater que ce culte a pris depuis quelques années une forme à la fois plus gracieuse et plus efficace. Maintenant toutes les boutiques de fleuriste et même les simples éventaires ont à leur étalage des couronnes de fleurs funéraires toutes prêtes pour le jour des Morts. Cet hommage est bien préférable à la classique couronne de perles. Outre que les fleurs naturelles sont plus agréables d'aspect, elles témoignent de soins plus assidus pour la mémoire du mort, puisqu'elles exigent des remplacements réitérés à mesure qu'elles se fanent.

Cet usage est, du reste, la conséquence d'une mode qui s'est introduite depuis quelques années pour les enterrements. Jadis on ne plaçait sur le cercueil que quelques couronnes et quelques bouquets. Aujourd'hui, toutes les personnes en relations intimes avec la famille du défunt croient de leur devoir d'envoyer des fleurs à ses funérailles, en forme de couronnes, de croix ou de gerbes.

Puisque nous parlons de l'enterrement, constatons que les femmes y vont de moins en moins. Pourquoi assistent-elles au service de leur père tandis qu'elles restent à la maison, pendant les obsèques de leur mari ? C'est une différence qui ne se justifie guère que par l'usage. Du reste, on n'admettra bientôt plus leur présence à aucun enterrement, car déjà on a cessé de mentionner leur nom sur les lettres de faire-part. Un gendre annonce la mort de sa belle-mère. Une fille ne fait pas savoir officiellement la mort de sa mère. Pourquoi ? Encore une fois nous ne nous chargeons pas de l'expliquer.

Entre nous, nous ne nous expliquons pas davantage la rédaction de ces mêmes faire-part. Le comte d'Estournel a fait, à cet égard, dans ses mémoires écrits pendant la Restauration, des observations fort sensées.

« Autrefois on ne bordait pas les lettres de noir. On ne parlait pas de la perte douloureuse. Cette expression parut affectée et provinciale. De mon temps, disait un vieillard, les billets de part étaient destinés à communiquer un événement et non point à mettre dans la confidence d'une émotion. Personne n'aurait songé à donner un adjectif à la mort. Pourquoi pas le bonheur de faire part d'un mariage ? »

L'usage en question a eu beau se perpétuer, l'observation du comte d'Estournel n'en est pas restée pour cela moins juste et moins fine.

Quant à la durée et à la façon de porter le deuil, nous devons faire une distinction, qui a son côté tristement comique, entre le deuil provincial et le deuil parisien. Il paraît qu'en province on a plus le temps de pleurer les gens qu'à Paris, car une femme ne pense pas trop honorer la mémoire d'un père ou d'une mère en gardant des vêtements de deuil pendant deux ans, un an pour le grand deuil et un an pour le demi-deuil. A Paris, juste la moitié. Constatons cependant que le deuil de veuve s'y porte aussi longtemps qu'en province.

En province également le deuil est plus strict que chez nous pour les vêtements. On en est resté sur ce point aux usages qui ont longtemps prévalu dans la capitale et qui se sont un peu modifiés, comme on va le voir. Ainsi, il y a encore une vingtaine d'années, le grand deuil chez la femme pour ses père et mère, par exemple, comportait la robe longue de laine tout unie, le châle et le grand voile de crêpe tombant par devant. Aujourd'hui, on s'est sensiblement relâché de cette rigueur. Le châle et le grand voile par devant ne se portent plus que pour le jour de l'enterrement. La robe de laine est bien encore admise, mais elle se plie aux caprices de la mode. Les garnitures, les plissés ne sont pas interdits. Quant au grand voile qui se porte pendant trois mois pour un père et que la veuve garde un an, il est rejeté maintenant en arrière. Le voile par devant avait le triple tort d'être disgracieux, étouffant et de déteindre. Ajoutons que les robes ne sont plus confectionnées avec le pieux parti pris de les rendre laides. On a inventé tout récemment des passementeries pour les garnir. Les perles de bois noir ou en jais mat ont le droit de courir sur un corsage ou sur un vêtement.

De plus, on a adopté depuis quelque temps le bonnet de veuve. Cette innovation, qui nous vient d'Angleterre, consiste dans une espèce de tour en crêpe blanc qu'on adapte au chapeau par devant. La mode en a si vite pris qu'une jeune dame, dont on nous parlait dernièrement, voulait s'en faire faire un pour la mort d'un beau-frère.

— Impossible, madame, fit observer la modiste, c'est un bonnet de veuve.

— Quel dommage ! répliqua la Parisienne, c'est si seyant.

Pour les hommes, la tenue de deuil ne s'est pas modifiée. Tant de messieurs s'habillent toute l'année de noir que le seul signe distinctif du deuil est le crêpe au chapeau. Mais depuis quelque temps quelques élégants, trouvant que ce crêpe « fait bien », l'ont adopté sans avoir perdu le moindre parent.

Un deuil qui ne se portait pas autrefois, c'était celui des enfants en bas âge. L'enfant au-dessous de sept ans n'ayant pas péché, sa mort était considérée comme une délivrance, et encore aujourd'hui les messes dites à ses obsèques sont une sorte de remerciement adressé au Seigneur.

Beaucoup de mères, même très religieuses, n'ont pas pu se plier à tant de résignation et elles se mettent en noir s'il leur meurt un fils ou une fille en bas âge. On en voit même qui, ayant perdu un enfant en couches, évitent pendant quelque temps de porter des robes de couleur. Quant au deuil porté par les enfants, il n'est pas varié. Si l'enfant est tout jeune, on le met tout en blanc avec une ceinture noire, mauve ou violette. Lorsqu'il est voué au bleu et au blanc, on l'habille tout en blanc sans ceinture noire. A partir de l'âge de sept ou huit ans, il porte le deuil comme les grandes personnes.

Les domestiques sont associés à l'affliction de la famille. Il est d'usage de donner deux robes noires à chaque femme de service, plus un chapeau et un châle. Le cocher et le valet de pied doivent être en livrée noire, sans boutons de métal, avec crêpe au chapeau. On met aux chevaux le frontail de crêpe noir.

Ce qui ne se fait plus, c'est de mettre l'appartement en deuil, comme cela s'est pratiqué jadis. On a cessé d'habiller les meubles de housses noires, de voiler de crêpes les cadres et les glaces. La seule interdiction qu'on s'impose a trait aux fleurs. On n'en met plus dans les vases, surtout quand elles ont des couleurs gaies, telles que les œillets ou les roses.

En revanche, tous les autres détails extérieurs doivent être soignés. L'en-tout-cas, le parapluie, le porte-monnaie, le porte-carte, le livre de messe ont l'obligation d'être assortis au deuil. Le papier à lettres est bordé de noir, bien entendu, et même maintenant on gaufre cette bordure de manière à imiter le crêpe anglais.

Quant aux bijoux, on n'en porte pendant six mois qu'en jais mat. Le jais brillant n'est admis que pendant la seconde période du deuil. Tous les bijoux d'or, tous les brillants, diamants et perles sont supprimés pendant un an.

Malgré cela, comme nous l'avons laissé entendre plus haut, le deuil tend peut-être un peu trop à s'émanciper. Sans approuver outre mesure les personnes chagrines qui font une affaire d'état d'une barbe de crêpe qui n'est pas dans l'ordonnance funéraire, on ne saurait amnistier pour cela les aimables Parisiennes qui s'habillent de rose avant l'heure, sous le prétexte, toujours commode à invoquer, qu'un vrai deuil se porte dans le cœur.

XIX

LE VOTE DANS LES CERCLES

CETTE opération, généralement peu connue en dehors du monde des clubmen, varie nécessairement suivant le mode de votation adopté. Dans certains cercles, en effet, c'est le comité seul qui a le droit d'accepter ou de rejeter les candidatures proposées. Dans d'autres cercles, le suffrage universel est souverain. De là, des différences faciles à concevoir, mais nécessaires à noter.

Dans les cercles où les réceptions se

font par la voie du comité, la façon de procéder est très simple et elle ne diffère, d'un cercle à l'autre, que par des détails sans importance. Les parrains font inscrire le nom du candidat sur un registre *ad hoc*, puis ils le font afficher à une place apparente d'un des salons, avec la formule et la disposition suivantes :

Présenté par MM.

M. A. demeurant....... $\begin{cases} B \\ C \end{cases}$

Au jour indiqué pour l'examen des candidatures, les parrains se présentent devant le comité. Le président les interroge, les prie de donner quelques détails sur leur ami. Quelquefois, des membres du comité font entendre une observation, une réserve dont les parrains triomphent de leur mieux. Puis ces derniers se retirent et l'on passe au vote qui se pratique au moyen d'urnes et de boules noires ou blanches. La règle admise à peu près dans tous les cercles, c'est que six boules blanches sont annulées par une seule boule noire. Le dépouillement est opéré sous la surveillance du président qui prononce la formule :

— Monsieur un tel est admis ou ajourné.

Les parrains guettent anxieusement cette décision qui est ensuite transmise soit par voie de commissionnaire ou de chasseur, soit par télégraphe, soit par le téléphone, selon le degré d'impatience de l'intéressé. Ce dernier est quelquefois tapi dans une voiture à la porte du cercle, attendant l'issue. S'il est reçu, il a le droit d'entrer le soir même dans les salons et d'essuyer, le sourire aux lèvres, la corvée des présentations à une légion de figures inconnues qu'il ne se rappellera pas le lendemain.

Dans les cercles où l'élection s'opère par voie de suffrage universel, voici comme on procède. Prenons pour type le Jockey-Club.

La première formalité à laquelle sont assujettis les parrains, c'est l'inscription du nom de leur candidat sur un registre *ad hoc*, accompagné de leur signature. Cette signature les engage. Ils sont en effet responsables de la cotisation et de l'entrée du candidat pour la première année. Or, l'entrée au Jockey-Club étant de 1,000 francs et la cotisation de 580 francs, on voit que la fantaisie d'un candidat reçu, déclarant ne pas vouloir faire partie du cercle, peut coûter cher à ses parrains. Hâtons-nous de dire que le cas ne s'est pas encore présenté.

Le mercredi qui suit l'inscription sur le registre, un tableau placé dans un salon du cercle porte à la connaissance des membres les noms du candidat et des deux parrains. L'inscription doit être faite le mercredi avant cinq heures, attendu que le nom du candidat doit être affiché pendant trois jours francs et que le vote a lieu tous les samedis, du 1er janvier au 1er juillet.

C'est dans la grande galerie, dont les fenêtres prennent jour sur la cour de la rue Scribe, qu'a lieu ce vote.

On ne se tient pas d'ordinaire dans cette vaste salle dont l'aspect est imposant et qui est ornée de jolis tableaux de sport accrochés sur d'immenses panneaux et que le cercle tient de la libéralité d'un de ses membres, le général Davesiés de Pontès.

Et maintenant, pour plus de facilité, suivons le membre qui va voter. En entrant dans la galerie il trouve à sa droite le bureau du secrétaire qui, en le voyant, inscrit immédiatement son nom. Pendant cette opération, il est déjà amicalement harponné par les parrains qui lui détaillent les mérites du candidat ou qui se bornent à la simple pression de mains qui veut dire :

— Je compte sur vous.

Après avoir fait une réponse formelle ou évasive, l'électeur se dirige vers un paravent au seuil duquel se tient un magnifique valet de pied immobile, qui lui remet une fiche sur laquelle est inscrit le nom du candidat. C'est derrière le paravent que s'opère le mystère du scrutin, un vrai scrutin secret. C'est là que l'électeur, absolument isolé, trouve une urne placée sur un tabouret. Cette urne, au-dessus de laquelle est inscrit le nom du candidat sur un carton, est percée de deux trous, l'un pour le oui, l'autre pour le non. L'électeur place dans un de ces trous, selon sa convenance, la fiche qui lui a été remise par le valet de pied, et le tour est joué.

Il ne reste plus qu'à procéder au dépouillement.

Ce n'est pas toujours une mince affaire. On cite un jour où il ne s'est pas produit moins de quatorze candidatures. Donc quatorze urnes, quatorze paravents et, entre parenthèses, quatorze valets de pied décoratifs entre les paravents. Mais il y a des procédés expéditifs qui simplifient la chose. Comme on sait le nombre des votants par le secrétaire, et que, d'autre part, on tient compte de ce qu'une boule noire en annule six blanches, le calcul n'est pas long à faire. Ce sont deux commissaires, membres du comité, qui pratiquent ce petit travail. En cas d'encombrement de candidatures, ils s'adjoignent un troisième membre. Le dépouillement se fait derrière le paravent, et c'est de là qu'on annonce à haute voix le résultat aux parrains et aux curieux.

Quelle est, dans les cercles, la proportion des ajournés? Elle est très mince. A peine un sur dix, en moyenne, vous répondra la statistique. Cela tient à ce que les parrains ont eu tout le temps, pendant leur campagne, de se rendre compte des dispositions hostiles et de ne pas laisser afficher le nom de leur candidat. Aussi un ajournement n'en est-il que plus mortifiant. On a vu des blackboulés quitter Paris et ne pas oser s'y remontrer d'un an. On en a vu — des étrangers — essayer de mettre en branle leurs ambassades qui se sont tenues, d'ailleurs, sur une prudente réserve. Mais les plus sages se consolent à l'idée de guetter une occasion plus propice. Tout arrive. Je pourrais vous citer le nom d'un candidat patient qui fait aujourd'hui partie d'un de nos grands cercles, après avoir essuyé huit blackboulages successifs. Son élection a été un prix de persévérance bien gagné.

XX

LA CHASSE A TIR

A L'ARRIVÉE des trains du soir, les gares de Fontainebleau, de Rambouillet et d'autres localités moins haut cotées dans la hiérarchie cynégétique s'emplissent de bruit et de joyeux va-et-vient. Souvent jusqu'à dix ou vingt landaus, superbement attelés, sont rangés le long des abords de la gare. Les femmes — car il n'y a pas de brillantes parties de chasse sans le sexe auquel on doit Diane — sont aussi bien cachées dans leurs voiles de gaze et leurs grandes pelisses de loutre que des Algériennes dans leurs haiks. Les sportsmen sont vêtus de carreaux plus ou moins invraisemblables.

En un instant, le trottoir se transforme en succursale du Bazar du voyage, — toutes les formes nouvelles de nécessaires, sacs, boîtes à cartouches, étuis à fusils s'amoncellent en pile. Les valets de chambre confondent le butin de leurs maîtres respectifs. Enfin tout se trie, on a reconnu les équipages de ses hôtes, on se fait des politesses pour monter dans les voitures; puis, en route!

La monotonie du chemin est égayée par des racontars de chasse naturellement. Ceux qui sont déjà venus font la leçon aux nouveaux invités, désignent les couverts en passant, indiquent les meilleurs cantons.

Laissons-les se préparer par un bon sommeil aux divertissantes fatigues de demain, et jetons un coup d'œil sur ce qu'il a fallu à leur aimable hôte d'esprit d'organisation doublé d'un bon livret de chèques pour assurer à ses invités une royale journée de chasse.

Pour réaliser un ensemble permettant de chasser régulièrement toute la saison, il faut pouvoir disposer d'environ deux mille hectares.

Le prix des locations de chasse, dans les environs de Paris, est essentiellement variable. Trop souvent le petit propriétaire rural se fait payer cher la convenance de sa proximité, et trouve moyen, à force d'instances insupportables, de se faire acheter son lopin un bon tiers au-dessus de sa valeur. Dans ce cas, il faut se résigner promptement. C'est le meilleur parti à prendre.

Une fois le terrain obtenu, le choix d'un bon garde-chasse est la première nécessité qui s'impose.

En règle générale, il faut préférer le garde qui a été élevé sur la terre, la connaît, l'aime, se rend compte de son terrain par habitude et par pratique.

Sept ou huit gardes sont placés sous ses ordres. Ils habitent de jolies maisons aux enclos entourés de murs, disséminées sur la propriété. On choisit de préférence des emplacements isolés, situés à mi-côte, de manière à obtenir un terrain favorable à l'élevage.

L'ÉLEVAGE DU GIBIER

Il faut lâcher de deux mille à deux mille cinq cents perdreaux pour pouvoir chasser une ou deux fois par semaine, en septembre, en octobre, et laisser encore de quoi assurer la reproduction.

Les œufs de perdrix viennent d'Angleterre et de Bohême. Des boîtes d'une forme basse et allongée reçoivent chacune une poule couveuse avec treize œufs. Les perdreaux éclosent dans la première quinzaine de juin et sont lâchés vers la fin d'août. Alors encore il faut pourvoir à leur nourriture. Cela se fait au moyen de champs entiers de sarrasin que l'on ne récolte point et qui donnent aux compagnies à la fois le vivre et le couvert.

L'élevage du faisan, qui assure le sort de l'arrière-saison, est d'une pratique plus aisée, d'un résultat plus assuré d'avance.

Il se fait à la faisanderie, vaste établissement pour lequel on choisit un terrain sec, abrité du vent du nord par des plantations. Les œufs de faisan viennent d'Angleterre. Les dindes, les meilleures mères de famille de la gent emplumée, en couvent vingt-trois à la fois, et on lâche les élèves au fur et à mesure des besoins de la chasse.

L'élevage est pratiqué sur une grande échelle par les gardes, les femmes et leurs enfants. La prime proportionnelle accordée au succès de leurs élèves est pour les gardes un appoint sérieux de leur gage fixe qui est de mille à douze cents francs par an.

LA JOURNÉE DE CHASSE

Le jour s'est levé. S'il s'est mal levé, si le temps est à la pluie ou au vent, c'est le maître de la maison qui est le plus désolé de ces pronostics défavorables. Songez donc! Si l'on est menacé de voir « au tableau » quatre pinsons et un émouchet, quelle déconvenue vis-à-vis des invités; quelle cuisante humiliation vis-à-vis des voisins!

Les chasseurs déjeunent entre eux à neuf heures. La maîtresse de la maison ne paraît pas plus que ses invitées, qui déjeunent avec elle à l'heure ordinaire — midi. Deux ou trois grands breaks sont attelés et l'on fait trêve aux plaisirs de la table, de façon à se mettre en ligne vers dix heures, pour la première battue.

Plusieurs jours à l'avance, on a tracé le

plan de la journée. C'est pour le maître l'affaire d'un quart d'heure de conférence avec le garde-chef.

Des claies sont dressées le long de la ligne à tous les postes pour abriter les tireurs. Chacun est suivi d'un garde et souvent de son valet de chambre pour porter et recharger ses fusils. Quand chaque tireur est placé, silence sur toute la ligne. Les rabatteurs se sont mis en marche et chassent le gibier devant eux. Ils ont un mouchoir blanc au bout de leur bâton. Au premier perdreau qui prend son vol, un coup de trompette du garde-chef donne le signal et alors on s'appelle sur toute la ligne, on se prévient et le feu ouvre.

Chaque garde a un chien pour rapporter les pièces qui tombent trop loin. On ne le lâche qu'à la fin de la battue. Il n'est pas rare de voir passer une vingtaine de perdreaux à son poste et, dans les grands tirés des environs de Paris, on les tire aussi vite que l'on peut recharger.

Vers trois heures, un lunch réunit les chasseurs dans une maison de garde. Souvent les femmes viennent assister à ce repas, ainsi qu'à la battue qui le suit immédiatement.

Quelques-unes sont elles-mêmes fanatiques de ce sport, endossent un petit complet approprié, des *knicker-bockers,* un petit chapeau d'homme, et font les journées les plus dures avec un entrain et un plaisir parfaits. Il faut chercher dans les plus grands noms de l'aristocratie, dans les plus répandus du *high life* pour trouver les femmes les plus célèbres dans les annales du sport. Elles sont quatre ou cinq tout au plus, mais dans le nombre se trouvent deux des plus fins fusils, des plus cités dans ces réunions pour leurs succès au tableau. Nous ne les nommerons pas.

Mais nous pouvons être moins discret vis-à-vis du sexe fort. Aujourd'hui, le tireur dont la suprématie est le plus universellement reconnue est un Anglais, lord de Grey. Il n'est pas rare de lui voir faire coup double en avant et coup double en arrière. Parmi les fusils français les plus fins on peut citer le marquis du Lau, le marquis de Breteuil, le vicomte de Quélen.

LE TABLEAU

Le jour baisse, — les voitures attendent dans un endroit désigné, — on rentre au château, — et l'on y arrive pour trouver les gardes disposant le gibier symétriquement sur une pelouse.

Dix par dix — poils et plumes séparés, — cela s'appelle le tableau.

Dans certaines chasses ultra-renommées on pourrait appeler ce tableau un parterre. Souvent avec quelque 1,400 faisans, deux ou trois cents lapins, perdreaux et divers, il couvre l'espace d'un jardinet.

Il n'est pas de bon goût, pour un chasseur, de se targuer du nombre de pièces qu'il a mises à bas. La narration de sa journée doit toujours se terminer ainsi : *Nous* avons tué... Chez le prince de Galles, on ne mentionne au tableau que le total général. Quant aux bourriches, elles sont envoyées au domicile des invités.

LA SOIRÉE

On dîne à huit heures. Les soirées, animées par des jeux, des discussions, des conversations d'un attrait plus pénétrant et discret, se prolongent. Les maîtres de maison surtout, si la réussite de la journée a dépassé leurs espérances, se prodiguent et font rayonner leur contentement sur leurs invités, et l'on ne se sépare que tard, enchantés les uns des autres.

Dès le lendemain, la bande d'invités, bénissante et bénie, s'en retourne à Paris.

LES CHASSES EN ACTION

Comme organisation générale, les chasses en actions se rapprochent beaucoup de celles que nous venons de décrire. Les grandes chasses en actions, celle de Clairefontaine, par exemple, près de Rambouillet, reviennent en moyenne, à chaque actionnaire, à six ou huit mille francs. Elles exigent généralement de cinq à six gardes. Le plus souvent tout le gibier est vendu.

XXI

LA CHASSE A COURRE

Nous ne vous referons pas la description cent fois faite d'une journée de chasse depuis le lancer jusqu'à l'hallali, ces sortes de récits traînant un peu partout. Nous nous bornerons à indiquer comment est organisé aujourd'hui ce sport qui a des traditions si françaises.

Rien de plus simple au monde que de chasser à courre. Il s'agit d'acheter un équipage et de le payer d'après ses états de service. Un bon équipage de chevreuil chasse deux fois par semaine ; quand il a pris une cinquantaine de fois dans la saison, ses preuves sont faites. Il compte environ soixante chiens couplés, ce qui en exige une centaine en réalité, si l'on compte, par exemple, les chiennes hors d'âge gardées pour la reproduction. L'excellence d'un équipage dépend beaucoup des croisements intelligents qui multiplient les qualités physiques et morales, oui, morales, des chiens de tête. L'atavisme se perpétue très bien dans cette race. Il existe des dynasties d'élite et des noms de chiens qui se transmettent de génération en génération.

Les chiens de meute coûtent environ vingt-cinq francs par tête pour leur nourriture. Ils mangent, une fois par jour, une soupe confectionnée par les valets de chiens et deux fois par semaine de la viande de cheval crue, pendant la chasse. Leur repas a son cérémonial. La porte du chenil est fermée pendant que la nourriture est disposée dans des auges. Quand tout est prêt, le piqueur en chef se place au milieu de la cour, en face de la porte, les valets de chiens autour de lui. L'un d'eux ouvre la porte. Le piqueur tient le fouet et crie :

— Au banc !

Alors tous les chiens s'y précipitent, mais restent là affamés, immobiles.

Le piqueur appelle le chien de tête. Ce chien descend et reste sur place, attendant.

— Au banc ! répète le piqueur.

Puis il baisse son fouet, et la meute se rue sur les victuailles. Si, pendant cette attente, un jeune chien s'impatiente et désobéit, les valets de chiens le punissent. Ce qui souvent fait gros cœur au piqueur.

Car il aime passionnément ses chiens, le piqueur (lisez *piqueux*). Il garde ses sévérités pour ses chevaux et les valets de chiens. Du reste, encore une race qui s'en va, le piqueux, avec les souvenirs de la vénerie royale, avec les traditions d'un temps où le métier se faisait moins par routine que par vocation.

Un équipage use généralement quatre ou cinq chevaux par an. Dans les pays faciles des « claquettes », de pur-sang sont préférables; dans les pays doux comme l'Anjou, la Vendée, il faut les acheter sur place. Ils sautent les obstacles de pied ferme et grimpent aux talus comme des chats.

Voilà pour l'organisation générale. Notons maintenant au passage quelques règles qui ne sont pas toujours observées en chasse. Ainsi le vrai bon ton, c'est d'avoir un habit rouge accusant de loyaux services et une cape à l'avenant. Pas d'éperons ou, si l'on en a, ils doivent être à mollette ronde. Un invité ne doit jamais avoir une mèche à son fouet. C'est réservé au maître d'équipage. Quand le cerf est à l'eau, le maître d'équipage doit offrir son couteau de chasse à un invité pour aller daguer le cerf. On doit toujours frapper la bête en face. C'est le comble du ridicule de laisser le cerf abuser de l'état de représailles.

Parmi les grandes chasse à courre aujourd'hui disparues, une de celles qui méritent le plus de fixer le souvenir, c'est celle de la Gaudinière qui appartenait au duc de Doudeauville. L'équipage de la Gaudinière comptait cent cinquante chiens couplés, plus les bassets pour courre le lièvre, et chassait à Fretteval et à Marchenoir, biens restés dans la maison de Montmorency depuis Philippe-Auguste et dont héritèrent les Luynes et les La Rochefoucauld à la mort de la duchesse de Montmorency.

Un piqueur en chef et douze subordonnés étaient attachés à l'équipage. Ils sonnaient les honneurs aux invités dès que les derniers, à peine arrivés au château s'étaient rangés symétriquement dans la cour.

Très nombreux étaient les seigneurs admis à l'honneur du bouton et, par conséquent, autorisés à porter l'uniforme des chasses. Cet uniforme était rouge et la culotte bleu foncé ; le galon de vénerie Rallye Fretteval Marchenoir sur les boutons ; le gilet chamois. Les femmes portaient l'habit et le tricorne, même celles qui montaient en voiture. Une demi-daumont toujours attelée suivait partout.

Et le soir des jours de chasse, quelle animation pittoresque ! La maison était en grande livrée. Les invités portaient l'habit rouge et la culotte courte et souvent la curée se faisait aux flambeaux dans la cour du château. Tout le personnel y assistait. Les valets de pied, rangés en demi-cercle, tenaient des torches de résine. Les piqueurs sonnaient la Doudeauville, les honneurs, puis la curée, ensemble et en parties. Puis, sur un signal, le piqueur en chef, qu'on appelait l'*Andouiller*, soulevait la peau du cerf, dépecé préalablement par morceaux et la meute se précipitait sur sa proie.

Ce l'Andouiller était un piqueur de la tradition. Il avait chassé « avec » le prince de Condé, disait-il, pour expliquer qu'il avait été valet de chiens à Saint-Leu. La vénerie crée une égalité. Le jour de la Saint-Hubert, il entrait le soir dans la salle à manger, en grande tenue, au dessert. On lui apportait un verre et il portait la santé de ses maîtres et de leurs hôtes en ces termes :

— Messieurs, je vous souhaite d'avoir toujours de jeunes femmes, de vieux chiens, de jeunes cerfs, de vieux vins et de vieux piqueurs.

Il faisait ensuite le tour de la table avec un plat d'argent sur lequel était posé le pied du cerf pris dans la journée, et chaque convive y mettait un louis.

Mais la Gaudinière, ce sont les neiges d'antan. Aujourd'hui, c'est principalement dans l'Ouest que se sont conservées les vieilles règles de la vénerie. L'équipage de M. de Baudry d'Asson, composé de superbes bâtards vendéens à manteau noir, a des merveilles dans ses états de service. L'équipage de Chassenon, au baron de Lareinty, est également de premier ordre.

Mais quelle vie que celle de chasseur de la Vendée ! Le pays est très dur, coupé de talus, de petites rivières, de barrières fixes. Est-ce précisément cette difficulté à surmonter qui fait que, là-bas, la chasse à courre est une vraie passion ? Tel ou tel gentilhomme de Bretagne ou d'Anjou y consacre le plus clair de ses revenus. Il a deux ou trois chevaux, généralement « fusillés » de partout, et met toute son ambition à « marcher », c'est le terme consacré. Il part joyeux dans la bruine piquante du matin, saute une quinzaine de barrières fixes, prend trois quarts de bains dans différents ruisseaux, couronne souvent sa journée par cinq lieues de retraite dans la pluie et se couche pour rêver qu'il a pris un loup.

La prise d'un loup, c'est la « chasse au

chastre » de l'Ouest. Il y a quelque vingt ans, le duc de Beaufort vint d'Angleterre en Poitou avec ses *boods-hounds* pour tenter l'aventure. Il y perdit un gros pari engagé et repassa la Manche, bredouille.

A l'heure actuelle dans les environs de Paris, le lieu consacré à la grande vénerie, c'est Rambouillet où chasse l'équipage de Bonnelles appartenant à la duchesse d'Uzès. Parmi les assidus, deux fois par semaine, notons le duc de la Trémoille, le comte de Caraman, le comte de Gramont d'Aster, le peintre Jacquet. On déjeune à Bonnelles à dix heures. La duchesse fait presque toujours le bois avec son fils. Ses filles suivent la chasse, malmenant de leur mieux leurs poneys. Parmi les invités notons aussi beaucoup d'officiers des garnisons voisines.

L'équipage est superbe, des chiens de pur sang que tout le monde a pu admirer à l'Exposition canine. Pendant la chasse, on entend force bruit de trompette et de sifflets d'appel. Cela fait si bien sous les halliers !

Les jours de congé, irruption d'une bande adorable de gamins blonds, bruns, frisés, qui s'appellent Noailles, Mouchy, Le Gonidec, Juigné, Castellane, La Rochefoucauld, Brissac. Tous passionnés pour la chasse, ces enfants, qui, devenus des hommes, maintiendront, il faut l'espérer, ce qui nous reste d'une science et d'un art autrefois si fort en honneur chez leurs ancêtres.

XXII

LES
DISTRACTIONS AU CHATEAU

La vie de château a été plaisamment définie par un auteur anglais : « Une succession de déjeuners, variés seulement par les robes des femmes. »

Il existe heureusement en France d'autres façons de rompre la monotonie de la vie rurale.

Nous avons déjà parlé de la chasse sous ses divers aspects. Or il y a moyen de tuer le temps sans tuer le gibier de ses hôtes. Qu'on en juge d'après cette rapide esquisse d'une journée d'automne à la campagne.

La journée commence à midi, sauf pour les gens qui aiment la promenade à cheval, le matin. Avant cette heure, si un rideau s'entr'ouvre pour exhiber aux flâneurs du parc une jolie tête ébouriffée, les élégances fantaisistes de la robe de chambre, descendante directe d'un déshabillé coquet, il est de très bon goût de voir sans regarder et de n'utiliser sa découverte que dans un aparté plein de discrétion.

Au déjeuner, on discute les plans de la journée. La ressource capitale, toujours en dehors de la chasse, c'est la promenade. Heureux les châtelains qui disposent de quelque curiosité vraiment curieuse pour en faire honneur à leurs invités, une abbaye en ruines, un château historique, une forêt célèbre. Donnez largement une bonne heure aux dames pour mettre leur chapeau.

A deux heures, en route! La société, savamment distribuée dans les différentes voitures, part à la découverte avec le vague sentiment du devoir à accomplir. Souvent on s'arrête en chemin pour déballer et manger le goûter contenu dans les paniers. Les délicats allument du feu, accrochent une bouilloire à des branches croisées et confectionnent un thé qui sent un peu la fumée. Le vent poudre tout le monde de cendres; n'importe, c'est prévu. C'est si bon pour les ultra-civilisés qu'une façon de retour momentané à l'état de nos premiers pères!

On change, pour le retour, la distribution des places. Ceux qui ont été trop contents le seront moins et les maltraités auront leur tour. En approchant de la maison, il se fait des silences dans les voitures; on commence à s'être tout dit.

Au fond, le sport promenade est moins goûté que les exercices plus violents. C'est pour cela que la paume ou le *lawn-tennis* ont pris si rapidement faveur chez une génération vouée au culte du muscle. Pour la paume, un local spécial doit être aménagé, un peu sur le patron du fameux jeu de Paume du château de Fontainebleau et de celui où l'illustre Biboche professe pour les assidus des Tuileries. Quant au *lawn-tennis*, son nom anglais suffit pour lui assurer chaque année plus de vogue. On nous épargnera d'en refaire la description tant de fois faite. Bornons-nous à dire que les fanatiques de ce jeu déclarent qu'on ne s'y amuse réellement que si l'on pratique toujours les mêmes partners, et qu'ils prônent pour les partners femmes l'emploi du jersey, quoique, ou plutôt parce que ce costume oblige le beau sexe à d'indiscrètes confessions.

Le jour baisse. Les femmes rentrent dans leurs appartements pour se préparer aux nouvelles fatigues de la soirée et laissent les hommes se réunir au fumoir pour y faire un besigue ou un whist. Les femmes intelligentes savent en effet que l'animal masculin a un goût marqué pour les tanières exclusives et qu'il est de bonne politique, pour l'harmonie de l'après-dîner, de le laisser savourer en paix son cigare, — si ce n'est que cela — la dame de pique et les racontars du club dont il est exilé.

Généralement on dîne à sept heures et demie ou même à huit heures. Une fois le dîner terminé, que faire pendant les trois ou quatre longues heures qui précèdent l'instant de la retraite? Ingénieuse maîtresse de maison, fouettez votre imagination. Si l'on est assez nombreux, en adjoignant à son monde l'amalgame parfois bigarré des voisins du cru, quelqu'un se dévoue, se met au piano et l'on danse.

Ce qu'il y a de mieux alors, c'est d'improviser un cotillon. On prend les fleurs des vases, on envoie chercher quelques rubans, voilà les accessoires tout trouvés, et l'aimable liberté champêtre permet de risquer quelques pas qui effarouchent quelquefois la douairière et la font rire encore plus souvent.

XXIII

LA VIE ANGLAISE

Les Anglaises sont très illettrées, la vie de sport ayant nui à leur culture intellectuelle. Elles savent à peine écrire une lettre et se bornent à griffonner d'une énorme écriture quatre ou cinq lignes.

En revanche, elles sont très ferrées sur les questions de blason et sur les mille et une chinoiseries des préséances. On sait que la préséance à Londres est réglée par le *peerage*. Une femme de dix-sept ans passera avant une de quatre-vingts, si elle est avant elle dans son rang à la cour. »

La princesse de Galles a beaucoup civilisé les Anglaises, elle est très aimée; intelligente, elle a quelquefois des mots heureux. Un jour, on lui disait : « Votre Altesse parle toutes les langues : allemand, anglais, français. — Et pense en danois », a-t-elle interrompu.

Quand elle est venue pour la dernière fois à Paris non incognito, lord Lyons a donné un grand bal pour elle. Elle a été un peu choquée de ce que les Françaises ne se faisaient pas assez présenter et se bornaient, surtout les femmes du gratin du faubourg, à la regarder curieusement. Elle s'habille chez Fromont et Redfern, bien mieux le soir que le jour. Elle boite le plus gracieusement du monde.

Le prince de Galles est très éclectique en fait de politique, plutôt libéral. Il est très aimable et assez spirituel; il aime à donner des surnoms. Il mange d'une manière effarouchante. Il a, à Sandrigham, trois cuisiniers, un russe, un français et un anglais, et se fait faire chaque jour trois dîners de plats toujours nouveaux. Aussi ces artistes à bout d'imagination les débaptisent quand ils ne peuvent plus les changer.

Deux fois par an, le prince et la princesse invitent des séries à Sandrigham pour leurs fêtes respectives. Le prince a un Highlander qui le suit partout, et il fait jouer du pibroch pendant les repas.

Tous les soirs, il veille au fumoir jusqu'au matin.

Aux séries, le prince et la princesse n'invitent qu'une dizaine de femmes et une quinzaine d'hommes. C'est en automne, et on chasse tous les jours à tir. Les femmes doivent être décolletées, en grande tenue, tous les soirs.

La reine vit dans la retraite la plus absolue. Elle est très collet monté et fait une police sévère contre l'invasion des mœurs et modes nouvelles. Une fois le prince de Galles voulait faire entrer Isabelle, la bouquetière du Jockey, dans la tribune royale. Elle a envoyé lord Cork le lui défendre.

Quand on va en Angleterre avec quelques « introductions », c'est-à-dire connaissant quelques Anglais, on est reçu admirablement, invité partout, fêté et accueilli avec une extrême amabilité. Faute de cela, vous seriez M. de Montmorency, que personne ne ferait attention à vous. On respecte votre incognito. Un dernier détail. Le monde diplomatique ne s'amalgame pas, comme en France, avec la société. Il vit à part et s'ennuie. C'est pourquoi on a longtemps envoyé à Londres un ambassadeur de France ayant des parentés avec l'aristocratie anglaise : le duc de Bisaccia, par les Gramont (lord Tankerville a épousé une Gramont et les ducs de Gramont des Anglaises à deux générations); M. d'Harcourt, cousin de lord Harcourt; M. de Jarnac, etc.

La vie de château en Angleterre a un caractère moins intime et plus fastueux qu'en France. Cela tient d'abord à ce que l'aristocratie anglaise est plus riche et mène sa grande existence à la campagne. Les hôtels sont très rares à Londres. Sauf les Grosvenor (Sutherland), les Westminster, les Marlborough, le duc de Norfolk et quelques autres que l'on pourrait citer, l'aristocratie anglaise se contente de jouir à Londres d'installations très mesquines. L'ambassade de France est une fort petite maison, et l'on est si coutumier de la chose que, sans hésiter, on invite à son rout trois fois plus de monde que les salons n'en peuvent tenir, et que la réception se tient pour une bonne part sur l'escalier.

L'amitié et la parenté ne comptent pas pour grand'chose dans la société anglaise. Les hommes ont la camaraderie de l'armée, du sport et du club entre eux; mais, une fois mariés, le *home* se concentre entre les parents et les enfants. Il est même rare que les frères et sœurs, une fois mariés, restent très liés entre eux; — passé les cousins germains, on ne fait plus aucune attention à la parenté.

Les femmes anglaises, bien que peu instruites, comme je viens de le dire, sont généralement pratiques, intelligentes, équilibrées, mais avec une nuance de brutalité dans leur manière de faire, surtout en matière de sentiment. Endiguées par les convenances froides de leur éducation, une fois la barrière franchie, elles sont excessives, dans leur ignorance absolue de l'art des mœurs. Il existe à Londres ce qu'on appelle le *rapid set*, une réunion de jeunes femmes dont les faits et discours alimentent la chronique badine, — et la société les accepte. Il faut un cas tout à fait exceptionnel pour que quelque membre devienne définitivement un *black-sheep*, brebis noire. Il faut pour cela avoir lassé terriblement la patience de la vindicte publique.

Entre femmes, l'amitié existe peu, pure

camaraderie d'amusement, de sport pour la plupart. Cependant presque toutes usent entre elles de leur petit nom, les diminutifs : Annie, Minnie, Lisy, Laurie, sont très usités. Les femmes signent toutes leurs lettres, même adressées à des hommes, par leur petit nom avec le titre de leur mari.

Ainsi la femme du duc de Marlborough signera : « Jenny Marlborough. »

La vie de château se ressent de ces différences. Les maîtresses de maison y tiennent moins de place, il n'y a pas une femme du monde capable d'être l'âme d'une réunion. Elles s'occupent peu de leur maison. Une *house-keeper* la mène, achète les provisions, gronde les domestiques et fait les comptes. Il y a une nuée de femmes de service, *house-maids*, *chamber-maids*, *kitchen-maids*, etc., un cuisinier français, payé un pont d'or, et, selon l'importance de l'établissement, une, deux, trois paires de valets de pied; on les appareille de taille et d'apparence; et on les appelle *match footmen*.

Il y a de plus un *butler* ou maître d'hôtel et les *upper servants*, c'est-à-dire le valet de chambre et la femme de chambre. Le maître d'hôtel, la *house-keeper* et le cuisinier mangent séparément dans une petite pièce qui se nomme *the house-keepers room* et qui est le buen retiro de ces fonctionnaires privilégiés. Les valets de pied ne font que se brosser, s'astiquer et paraître. Le vrai service est fait par des femmes. On est invité dans les châteaux par séries, et l'on vous désigne le jour d'arrivée comme celui du départ.

Le mobilier des chambres est peu artistique, mais très confortable.

On s'occupe assez peu de vous; il y a toujours cependant, toutes les après-midi, « something going on », c'est-à-dire quelque divertissement arrangé; — libre à vous d'y prendre part. La conversation est plus bruyante que spirituelle, le *fun* n'est vraiment pas très drôle.

Ce qui est typique des Anglais de grande

tente, c'est qu'ils ont une philosophie très grande à l'endroit des aises de la vie et de la fortune. Ils sont si habitués à voir beaucoup des leurs n'ayant rien côtoyer les grandes existences de leurs aînés que cela leur semble tout simple de n'avoir « not a penny to bless himself with », et les hommes comme les femmes sont très braves et très gais dans la privation.

Autre chose, — la conversation de l'aristocratie et celle des gens du commun, même de la classe aisée, ne se ressemblent pas le moins du monde. Il y a une façon de jouer en virtuose de cette langue ingrate et riche. Elle consiste dans des expressions pittoresques, une hardiesse de constructions, un choix sévère des mots employés. Cet art parfois défie la grammaire et choque le bon goût.

Pour voyager, les Anglais prennent un courrier et laissent chez eux tous leurs domestiques, sauf une seule femme de chambre. Les Anglaises ont bien moins de recherches et de minuties que les Françaises dans leur façon de s'habiller et de s'arranger ; mais quand il s'en trouve une comme lady Dalhousie, comme lady Beresford, qui découvre le secret de la toilette, elles arrivent à des résultats merveilleux et sont idéalement bien habillées — rue de la Paix. J'en suis bien fâché pour les fidèles du « chic anglais » comme il se pratique en France depuis quelques années, mais les Anglaises élégantes ont horreur de tout ce qui est « mannish » et préconisent la grâce de l'ajustement avant tout.

En Angleterre, on gratifie largement le personnel des maisons où l'on séjourne. Pour une semaine, qui est le laps habituel de chaque série, un ménage donnera dix livres. Les célibataires sont tenus à beaucoup moins à proportion. En France, en donnant cent cinquante francs, — entre maison, gardes, écurie, — on sera, dans les châteaux que l'on visitera, traité en invité généreux, en seigneur opulent.

En Angleterre, les enfants ne paraissent guère. Ils vivent relégués dans leur *nursery*. Souvent ils restent à la campagne au lieu de venir à Londres pour la « season » comme leurs parents. Ils déjeunent et dînent à part avec leur *nurse*, qui est une personne importante dans la maison.

Jamais un enfant anglais n'a de nourrice, du moins il faut un cas exceptionnel; leurs mères les nourrissent jusqu'à six semaines, et ensuite ils vivent de lait et d'arrowroot variés. Ils sont vêtus plus que succinctement et souvent affamés par système. Aussi peuplent-ils Cannes et Menton. On leur donne un poney à cinq ans, et filles et garçons sont fanatiques de sport dès l'âge le plus tendre. Les délicats y restent, et ceux qui résistent font de « glorious young Britons ». Le ménage poli et indifférent, si commun en France, n'existe guère en Angleterre. Il n'est pas de milieu entre la plus stricte intimité ou l'éloignement le plus complet. C'est tout ou rien ; — mais le plus souvent, c'est *tout,* car le vil lucre et les convenances étant moins importants dans la conclusion des mariages, très souvent on s'aime, sinon on prend le parti de la sotte union qu'on a contractée, et nul ne s'en doute jamais.

XXIV

LES DEVOIRS RELIGIEUX

Les messes les plus fréquentées des gens du monde sont dix heures à Sainte-Clotilde, onze heures à Saint-Thomas d'Aquin, une heure un quart, celle des retardataires, à Saint-Roch. Mais souvent à la messe de huit heures de ces aristocratiques paroisses, on reconnaît dans la toilette simple réservée aux visites de pauvres, confondue entre les rangs des gens de maison, des petits boutiquiers du quartier, quelque raffinée mondaine remplissant sans pose, sans emphase, les devoirs les plus élevés des chrétiens.

Pendant le carême, à chaque sortie, il faut placer une visite dans une église; pendant la semaine sainte point de robes voyantes, du gris, du noir perlé de jais et le vendredi saint de même que le jour des Morts, deuil véritable. A partir du dimanche de la Passion, plus de théâtres, plus de soirées. On se rend aux offices du matin à pied, sauf empêchement majeur, pour laisser aux gens la faculté de s'y rendre.

— Quand une maladie grave réclame l'administration des secours religieux à la maison, on doit envoyer sa voiture chercher le prêtre porteur des sacrements. Le maître de la maison doit aller le recevoir en bas de l'escalier, et les gens de maison, prévenus, lui font cortège jusqu'à la chambre du malade.

Enfin nombre de familles ont conservé le pieux usage de faire bénir une installation nouvelle. Aussitôt qu'elle est complétée on prévient le curé de la paroisse qui vient lui-même prononcer les bénédictions d'usage et que l'on prie ensuite à dîner.

Quand on reçoit un prince de l'Église sous son toit et qu'il y célèbre la messe, le maître de la maison doit la servir lui-même, et à son départ on réunit les gens de la maison pour qu'ils reçoivent sa bénédiction.

Un père dont le fils entre dans les Ordres lui sert sa première messe. Les châtelaines doivent assister aux offices de leur paroisse, messe et vêpres, et s'occuper de tout leur pouvoir à en rehausser l'éclat. Les soins d'hiver sont consacrés à broder des ornements, et souvent le modeste temple résonne des accents d'une voix dont les jouissances sont refusées aux mondains et prodiguées aux habitants des chaumières.

Il n'est pas besoin d'être une grande artiste pour accompagner sur l'harmonium le plain-chant, grand progrès sur le saxophone ou le serpent cher aux cœurs villageois, et, la veille des grandes fêtes, quelle plus jolie occupation que de dévaliser les serres, composer des bouquets et, aidée de la bonne sœur et du petit vicaire, faire autour de l'hôtel un vrai miracle des fleurs !

Le bon Dieu a assurément très bon goût ; cela se voit à ses œuvres, et cela doit lui plaire infiniment de voir l'expérience des salles de bal servir à la beauté de son culte. Attrape, Satan !

XXV

L'ART DE VIVRE

AVEC

TROIS CENT MILLE FRANCS DE RENTE

Il nous a semblé que les chapitres précédents comportaient un complément qui les résume. Aussi, avons-nous voulu terminer cette étude par un aperçu de la façon dont on comprend, au XIX° siècle, ce qu'on appelle la grande existence dans une vieille famille aristocratique dont la position de fortune se soit maintenue en dépit de la loi de l'héritage, du *krach* et de l'avilissement du prix de location des fermes.

Pour les familles d'ancienne souche, le principal établissement est à la campagne, car la vie à la campagne, c'est encore de la féodalité au petit pied; mais, bien entendu, la possession d'un hôtel à Paris, patrimonial s'il est situé au faubourg Saint-Germain, acheté à beaux deniers comptants s'il est placé autre part, est chose de rigueur. L'aristocratie française n'est pas volontiers locataire chez autrui.

Prenons, si vous le voulez bien, une famille qui possède un revenu de trois cent mille francs, minimum. Défalquons tout de suite de ce chiffre : 1º le chapitre des aumônes (charité bien ordonnée commence par les pauvres), que nous noterons pour mémoire; 2º le chapitre des réparations, qu'on peut évaluer à vingt-cinq ou trente mille francs. Quel sera l'emploi du surplus ?

C'est ce que nous allons essayé d'établir.

LE TRAIN DE MAISON

Le ménage en question devra avoir un cuisinier, un aide de cuisine, un maître d'hôtel, un valet de chambre, trois valets de pied, une femme de chambre, une lingère.

Le cuisinier est payé 1,200 francs par an. Ses comptes se montent à une somme variant de 2,000 à 2,500 francs par mois, dont il touche légitimement le 5 pour 100. Une maison, à Paris, coûte cinq francs par tête et par jour. C'est là le chiffre raisonnable. Dans ce chiffre est compris le livre du maître d'hôtel qui se monte à 800 ou 1,000 francs par mois; il touche également le 5 pour 100.

Le combustible ne figure ni sur les comptes du cuisinier, ni sur ceux du maître d'hôtel, mais sur ceux du concierge.

C'est ce dernier fonctionnaire qui est

chargé d'entretenir le calorifère, d'allumer le gaz, de signaler les réparations nécessaires, d'affranchir et de porter les lettres et dépêches ; les comptes sont de ce fait fort variables. Il est payé de 1,200 à 1,800 francs par an, lui et sa femme ; ils se nourrissent. Quand l'homme a balayé la cour, la porte cochère, fait reluire les aciers de la porte, chargé le calorifère, il doit se mettre en livrée. Il est habillé comme les valets de pied et reçoit le même contingent d'effets.

Quand il arrive des lettres et des dépêches, il doit les porter lui-même au destinataire. Aux maîtres, il les présente sur le plateau d'argent qui reste sur la table de l'antichambre. Les jours de grand dîner, il sert à table. Quand il vient un visiteur et que les gens sont à table, quelques maîtres exigent qu'il annonce.

Le valet de chambre est chargé du service personnel du maître et de la maîtresse. Faire leur chambre, répondre à leur sonnette le matin, etc. Dans l'après-midi il fait les commissions, le soir il sert à table, jamais à déjeuner ; il est payé 100 francs par mois et il s'habille. Dans quelques rares maisons, le maître d'hôtel et le valet de chambre sont habillés les jours de gala en habit tabac d'Espagne, jabot de dentelles, culotte jaune et bas blancs. Dans ce cas, cette livrée leur est fournie et coûte environ 350 francs. Généralement, on les met en habit noir avec la culotte et les bas noirs, les souliers sans boucles.

Le maître d'hôtel n'est pas plus payé que le valet de chambre ; mais on lui donne souvent un habit noir complet, chaque année. Il s'occupe du service de la table, c'est le chef d'orchestre de la symphonie que constitue un grand dîner.

Il est responsable de l'argenterie. Quand elle est très considérable, il a une femme sous ses ordres ; il est très difficile de trouver une bonne argentière, elle se paye assez cher, de 60 à 80 francs. C'est indispensable quand on a une vaisselle plate dont l'usage est quotidien.

Chaque pièce doit être chaque jour soit brunie à l'agate, soit frottée au rouge anglais à perte d'haleine. Le dîner de six personnes représente ensuite quatre ou cinq heures de bon travail pour faire l'argenterie.

Le maître d'hôtel prépare les déjeuners du maître, mais il ne les porte pas.

Il commande aux valets de pied et les choisit, mais n'a pas le droit de renvoyer. En général, l'habillement de chaque valet de pied représentant tout près de 400 francs, ce serait ruineux.

La place de valet de pied est très lucrative pour ceux dont la taille et la tournure leur permettent d'aspirer aux bonnes places. On les paye jusqu'à 80 francs par mois et on leur donne tout, des chemises, des faux-cols, des gilets du matin, des bottes, des souliers, un habillement du matin par an, la livrée, deux pantalons de livrée par an, des culottes de panne noire et des bas de soie, sans oublier des cravates.

Un valet de pied bien tenu constitue à lui seul une dépense de plus de 3,000 francs par an. Mais dans toutes les maisons on n'est pas difficile à ce point. Cet ordre d'idée, comme celui des grandes voitures, demande l'irréprochable.

Une grande question dans les maisons est celle du vin. Le faubourg Saint-Germain n'en donne pas, cela fait une différence de 15 francs par mois, pour le séjour à Paris. Il est préférable d'en donner, même au point de vue de l'économie, et aussi à celui de l'humanité, car ces malheureux s'empoisonnent avec de la fuchsine. Les frais de maladie, les craquements dans le service, constituent une dépense de 1,000 francs par saison pour une très grande maison.

Un des valets de pied est chargé du service des enfants, un autre doit faire les lampes; ils se partagent les appartements, qui doivent tous être faits avant onze heures, excepté les chambres des maîtres qui se font pendant le déjeuner. A moins d'être très nombreux, on fait servir le moins de monde possible à déjeuner. Il y a même des maisons où le maître d'hôtel seul fait le service. Lorsque l'on n'est que deux, c'est très faisable ; mais l'usage est que les enfants, même tout petits, déjeunent à table. C'est ainsi qu'ils prennent leur principal repas. Les précepteurs et les gouvernantes mangent aussi à table avec les parents de leurs élèves, toutes les fois que leurs élèves y sont admis. On les sert avant eux. Les soirs de grands dîners, on les sert dans la salle d'étude, une heure avant, les deux school-rooms réunis.

La gouvernante est servie par la même femme de chambre que ses élèves. Le précepteur est quelquefois toléré par le domestique qui sert les garçons, — pas toujours.

Chaque premier du mois, les comptes sont remis à la maîtresse de la maison ; de même que les comptes d'écurie au maître. Les notes des fournisseurs importants sont remises en janvier et juillet. Les domestiques sont tous payés le 1ᵉʳ de chaque mois.

Le piqueur est chargé de payer ses subalternes.

Le précepteur et la gouvernante reçoivent leurs appointements par trimestre. Une gouvernante capable coûte de 2,500 à 3,000 francs. Un précepteur de 3,000 à 4,000 francs.

Les gens très comme il faut tiennent à être extrêmement polis et remplis d'égards pour ceux à qui ils confient leurs enfants, tout en se gardant bien de les associer en quoi que ce soit à leurs plaisirs. C'est de mauvais goût de mener à l'Opéra la gouvernante de ses filles, par exemple.

Lorsque la gouvernante sort en voiture avec ses élèves, on la met dans le fond, mais à gauche.

Quand un domestique est malade, le maître et la maîtresse doivent aller le voir tous les jours, le faire soigner comme soi-même. Quand on perd quelqu'un, chez soi, toute la famille va à son enterrement. Quand c'est un très vieux serviteur, le maître et la maîtresse figurent sur le billet. Un domestique retraité a de 400 à 600 francs de pension. On exige l'assistance à la messe le dimanche. On va aux mariages de ses domestiques quand ils sont anciens; le maître et la maîtresse aux places des parents.

L'ÉCURIE

Une écurie bien tenue coûte assez cher et demande beaucoup de surveillance. Le premier cocher ou piqueur est un personnage. Il gagne 2,500 francs par an et n'est pas nourri. On lui doit le logement pour lui et sa famille partout. A la campagne, en plus, il a des légumes et du bois, 100 francs d'étrennes, 50 francs à chaque voiture neuve. Il met un bouquet dedans, la première fois que l'on s'en sert, — invite à carreau. Il reçoit directement les ordres du maître et se considère comme très au-dessus du commun des domestiques. Il ne mène que sa maîtresse seule ou avec son maître ; jamais son maître seul ni les enfants.

Ce personnage a un second (c'est ainsi qu'on l'appelle), 70 francs par mois, nourri. Il le choisit et le renvoie à son gré.

En plus, il y a de deux ou trois *helpers* ou hommes à la journée. On les paye 130 francs par mois à Paris, on ne les nourrit ni ne les loge.

Souvent il y a en plus un groom pour suivre à cheval ou monter derrière les petits ducs. Très difficile à trouver, les grooms, car il les faut très bien tournés ; on les paye autant que le second.

Chaque homme habillé a deux livrées

complètes, coûtant chacune 300 à 350 francs ; mais on n'est pas obligé de les changer toutes deux chaque année. La neuve de l'année précédente fait le numéro deux de l'année courante. Un homme habillé reçoit donc au printemps, — c'est le moment du renouvellement — : une redingote, un gilet, deux pantalons, un pardessus, un gilet de travail, un habit du matin, deux chapeaux, six faux-cols, des bottes, des cravates. Il faut compter 500 francs pour le tout, et encore il faut que le piqueur soit soigneux lui-même et inspire cette vertu aux subalternes.

On peut faire suivre un coupé, une victoria par un homme d'écurie, le petit duc, le duc et le poney-chaise ne pouvant être menés autrement. Une calèche et un dorsay ne peuvent être menés que par un grand valet de pied irréprochablement tenu. Pour un service de Paris vraiment fait, il faut quatre carrossiers, au moins trois, deux autres chevaux de moins d'espèce pour le service de monsieur et le service de nuit, plus des poneys ou un stepper russe, ou un joli cob pour se promener le matin. C'est très toléré avant midi, mais ce sport doit être accompli très régulièrement, sinon l'on a des chevaux trop frais — ils n'ont naturellement pas d'autre emploi — et l'on obtient de beaux accidents. Le seul moyen pratique est de prendre un de ses carrossiers. Pour cela, il ne faut avoir que des chevaux russes, ce sont les seuls qui aient assez d'action et d'abatage pour une grande voiture et soient en même temps légers dans la main.

Une belle paire de chevaux coûte au-dessus de 15,000 francs jusqu'à 25,000 francs.

Notre ménage avec trois cent mille livres de rentes ne pourra guère avoir que ces sept chevaux à Paris, — peut-être le poney en plus. — L'écurie prise en bloc pour l'année avec les notes de sellier, de carrossier, de grainetier, de tailleur, reviendra à 20,000 francs par an, sans compter l'achat des chevaux et des voitures. Cela coûte au moins 60,000 francs de se monter. Les petites voitures font trois ans de service sans réparation; les grandes, quatre ou cinq ans. Dans toute écurie bien tenue, le coupé et la victoria sont remis entièrement à neuf tous les deux ou trois ans. Cela rentre dans la note annuelle du carrossier.

Il faut un tatillonnage constant pour avoir des voitures bien tenues. Aussi beaucoup de gens ont-ils mis bas leur établissement, et prennent-ils deux voitures chez un bon loueur. Le même service coûte 2,500 francs par mois, un peu plus quand il faut deux voitures le soir.

Le loueur se charge des réparations; le prix est le même ou à peu près.

L'usage est que la femme dispose d'abord des chevaux et voitures, — comme elle ne peut guère sortir autrement, c'est juste, — puis le mari, puis les enfants. Quand on est soucieux de sa progéniture, on l'envoie au bois de Boulogne tous les jours. On peut concilier cela avec le service du mari, moyennant un peu de combinaison.

Le plus souvent, l'organisation d'écurie qui sert à Paris sert également à la campagne ; mais une partie y reste toute l'année, par exemple, les postiers et les poneys.

Si l'on habite un pays à voisinages éloignés, on peut avoir quatre juments menées par un postillon dans la livrée classique : veste courte à petits boutons, culotte en velours à côtes, bottes et une plaque aux armes de la maison au bras. Cette organisation dépend du régisseur et le confond généralement avec l'écurie des chevaux de travail ; elle ne constitue pas une dépense énorme, attendu que les juments coûtent une moyenne de 1,500 francs l'une, et font également les charrois, les travaux du parc et du jardin, les courses de la ville. Le postillon a le charretier sous ses ordres, et ils peuvent à eux deux soigner et faire travailler six chevaux, ce qui est le nombre à peu près indispensable pour que le service soit bien fait.

On ne peut guère faire mener en poste qu'un landau; une victoria n'est bien que menée à l'allemande, c'est-à-dire le postillon à cheval. Un très grand break peut aller. Le vrai chic à présent est d'avoir deux couleurs pour ses voitures, noire ou bleu très foncé avec rechampis et filets aux couleurs de la maison, pour les grandes voitures, calèche et dorsay, qui ne quittent pas Paris.

A LA CAMPAGNE

PARC ET JARDINS

Il faut compter 8,000 francs par an de jardiniers et de fleurs. Impossible d'avoir un jardin à la française, un parc moyen, un peu tenu, un potager respectable, sans un premier jardinier, recevant entre 1,200 et 1,500 francs de gages, un aide du métier recevant 1,000 francs, et trois journaliers au prix du pays.

Quand on ne nourrit pas son jardinier, suivant la coutume ordinaire, on lui donne 1,800 francs. Si on est un peu subtil, on trouve un père et un fils, — et le tout se paye entre 2,500 et 3,000 francs selon la capacité desdits sieurs; — généralement il est d'une notable économie et d'une bonne administration de prendre ses spécialistes très capables. Quand vous aurez compté une note longue comme le bras de pots de fleurs, de gloxinias pourprées, de cerfeuils bulbeux et de persils tuberculeux — un bon artiste veut être dans le mouvement — et les quelques douze cents journées que représentent vos trois journaliers, vous ne serez pas loin des 8,000 francs indiqués, — même en défalquant le prix des légumes vendus à la ville voisine, pendant l'absence des maîtres, chose qui se pratique partout, et qui est considérée comme très convenable. Se faire maraîcher, cela s'accepte à merveille.

Le département du jardinage est soumis à la juridiction du régisseur. Le jardinier lui rend des comptes qui figurent dans les feuilles de mois, sortes de relevés des comptes de la terre, qui se remettent le 1er de chaque mois au patron ou à la patronne ; ce dernier cas arrive souvent. La Française aime à faire sonner ses clefs.

Le régisseur est, dans une habitation, un personnage important; mais cette importance varie suivant l'usage des pays. Il y a trois variétés :

Le régisseur premier garde.
Le régisseur maître-valet d'hôtel.
Le régisseur *monsieur*.

Le premier fonctionne quand toutes les terres sont louées, qu'il n'y a pas de faire-valoir attaché au château. Dans ce cas, il n'a sous sa juridiction que les jardins et le parc, la basse-cour, l'écurie des chevaux de travail, la surveillance des travaux d'entretien et de réparation, les ventes de bois.

Ledit fonctionnaire porte une blouse et des sabots, mais comparaît devant les maîtres en redingote et a droit à une poignée de main. On l'appelle généralement par son nom de baptême. Le jour de l'an, il se met à la tête de tout le personnel des employés, hommes et femmes, et vient présenter les vœux de chacun, en quelques mots bien sentis, au maître et à sa famille.

Il est d'usage qu'on lui réponde de même et qu'on lui remette les étrennes à distribuer.

A l'arrivée et au départ, même déploiement. Quand on a voyagé vingt-sept heures, c'est plein de gaieté d'en avoir pour vingt-cinq minutes sans monter son perron. Ces fonctions sont rétribuées 2,500 francs, sans indemnité de nourriture, mais avec facilité de prendre des légumes, du bois, etc., sur la terre.

Le régisseur maître-valet a le même

rang social. Il est généralement payé un peu plus, et il a des facilités infiniment plus grandes pour se charger la conscience.

Le faire-valoir est ordinairement calculé comme importance et étendue sur le train du château. Il doit fournir le foin, l'avoine, la paille des chevaux, le beurre, le lait, la crème de la consommation journalière, les œufs, les poulets, volailles, etc.

Le régisseur maître d'hôtel a également sous sa juridiction la serre, la ferme modèle, la laiterie, l'étable, la basse-cour avec ses couveuses et ses gaveuses. Il doit s'occuper de tous ces établissements. Il a le droit de renvoyer et de remplacer. De plus, il traite avec les marchands de bois... Ne pensons pas trop pour le moment au septième commandement.

C'est sous sa surveillance également que le jardinier, le matin, avant que les appartements soient balayés, vient faire sa ronde et changer les fleurs qui se fanent. Le mieux est de présider soi-même une fois tous les quinze jours à cette opération.

Le jardinier apporte en même temps les corbeilles de fleurs qui doivent décorer la table au dîner et le soir vers sept heures, et arrive encore avec autant de petits paniers pleins de fleurs qu'il y a de femmes au château. Ces fleurs sont destinées à être mises dans les cheveux.

C'est un des journaliers, le plus souvent, qui cueille les légumes et les apporte aux différentes cuisines ; celle du régisseur, celle des cochers, celle du jardinier.

Reste le régisseur monsieur. Celui-ci gagne 5,000 francs par an, tire vos lapins, fait étrangler un faisan à la basse-cour pour traiter un ami, met une rose à sa boutonnière, dîne deux fois au château pendant le séjour. Sa femme fait subrepticement copier les robes de sa maîtresse pendant qu'elles sont à la repasserie.

Les fonctions de ce personnage consistent à recueillir l'argent de son bon maître de sa poche droite pour le repasser dans la gauche, en en prélevant quelque peu. Il est rare qu'il fasse lui-même ses comptes. Il soudoie le premier en arithmétique parmi les écoliers du village, pour noircir ses feuilles de mois. C'est un métier lucratif.

LA TOILETTE DE MADAME

Posons en principe qu'une jeune femme peut très bien s'habiller, avec un ou deux enfants, pour quinze ou vingt mille francs par an. Mais il faut y mettre du soin et de l'adresse. Si on laisse ses robes à sa femme de chambre qui les vend à son profit, c'est bien le moins que de temps en temps elle vous confectionne les costumes faciles, pour toujours aller.

Ne croyez pas qu'à la campagne on s'habille beaucoup moins qu'à Paris. Il faut bien rompre la monotonie de la vie rurale par la variété des robes. Le matin, on va papoter dans les chambres les unes des autres, habillée en deuxième léger, le plus à dentelles possible. Pour midi, on s'habille en jockey. Pour le thé de cinq heures, on met une robe d'intérieur, le plus asiatique qu'il se peut; les plus jolies sont coupées dans un châle de l'Inde, avec une profusion de valenciennes. Pour être bien, il faut que ce soit très juste à la taille, avec une bonne traîne. Très difficile à réussir. — Pour dîner, une robe courte, très ouverte. La campagne admet de la fantaisie dans les lignes de flottaison; peu de dentelles sérieuses, pas de diamants sérieux, des perles et des fleurs vraies.

D'AUTRES DÉPENSES NÉCESSAIRES

Les grandes existences que nous venons d'esquisser comportent en outre certaines obligations, d'ailleurs douces, qui sont comme le complément nécessaire du rang qu'on occupe : une loge à l'année par exemple à l'Opéra, au Théâtre-Français et à l'Opéra-Comique : le mardi au Théâtre-Français et le samedi à l'Opéra-Comique. A l'Opéra, les grands privilégiés de la fortune gardent volontiers leur loge pour les trois jours de la location ; ce qui fait qu'à proprement parler, il n'y a pas à l'Opéra un des trois jours de location qui soit plus élégant que les autres. Soit dit en passant pour les innovateurs qui, depuis quelque temps, essayent de lancer exclusivement le vendredi.

Sur le chapitre des voyages à l'étranger, nous serons brefs. Les gens très riches voyagent très peu, axiome. Leur train de maison, tant à Paris qu'à la campagne, ne leur donne guère le temps de se déplacer. Quand ils le font, ils emmènent généralement très peu de gens de service avec eux. Le domestique en voyage, sauf le valet de chambre essentiel, sauf aussi la femme de chambre pour madame, est un monsieur gênant auquel il faut servir d'interprète et que le personnel des hôtels où l'on descend remplace avantageusement. Quant aux frais de voyage pour l'aristocratie française, ils sont tout naturellement grevés par l'impôt que prélève l'obséquiosité des employés, garçons, sommeliers, sur les mentions nobiliaires inscrites au livre de l'hôtel : « Mon titre, me disait un jour le duc de ***, me sert à payer double de pourboire partout où je vais. C'est même, ajouta-t-il mélancoliquement, le seul parti que j'en tire. »

Parlerons-nous du vêtement masculin ? Sur cette question tout le monde sait que les dépenses ne varient guère, même entre fortunes très inégales. On se fait faire dans l'année, qu'on ait cinq cent mille livres de rentes ou dix fois moins, à peu près le même nombre de costumes de fantaisie ou d'habits noirs. Ce n'est guère qu'un petit nombre de *swells*, et encore dans le jeune âge, qui dépensent cinq ou dix mille francs par an chez un tailleur anglais. Ce sont les mêmes qui envoient blanchir leur linge à Londres (ô prodige de l'anglomanie!); mais, en somme, le Français riche ne se ruine pas en toilettes, même en faisant entrer en ligne de compte les costumes de lawn-tennis et de tir aux pigeons.

Même observation au sujet de l'argent de poche. S'il coule aisément des doigts de tel et tel clubman guetté par le conseil judiciaire, il reste à l'état de quantité négligeable dans une maison tenue sur un grand pied. Comment le dépenserait-on, en effet, cet argent de poche? En voitures? On a la sienne, ou plutôt les siennes. Les dîners au restaurant? C'est passé de mode et l'on mange tout aussi bien chez soi ou chez les gens de son rang qu'au cabaret A la table de baccara? Dans ce cas l'argent de poche s'appelle argent de jeu et étant donné le taux des parties dans les clubs, l'argent de jeu se prend non sur le revenu, mais sur le capital. Au demeurant, observez bien une table de baccara dans un cercle élégant. Il est bien rare que ce soient les plus riches qui jouent le plus gros jeu, ce qui faisait dire au vieux comte D..., auquel on demandait si un jeune homme qu'il présentait au club était riche : « Je n'en sais rien, il joue. »

Nous avons fixé plus haut le chiffre de l'entretien, c'est-à-dire les réparations, le renouvellement du mobilier. Nous n'y comprenons pas, bien entendu, les caprices, la fantaisie, l'achat des objets d'art ou de bibelots. Cela, c'est le domaine de l'illimité, sur ce chapitre comme sur celui du jeu.

Il n'y a pas cinq personnes en France en état de faire des folies. Il est arrivé très bien au duc d'Aumale de refuser cent mille francs d'un tableau qui les vaut; et nous avons vu un Rothschild agité d'un tremblement nerveux à la suite d'une enchère de livres rares qu'il refusait de pousser par sagesse.

Comme conclusion de ce petit exposé,

on nous demandera peut-être combien de ménages en France sont en état de mener la vie que nous venons de retracer. Voici notre réponse. S'il ne s'agit que de fixer les fortunes de trois cent mille livres de rente et au-dessus, c'est une affaire de statistique à établir. Mais, à première vue, il nous semble bien qu'à l'heure actuelle, tout ce qui reste de grandes familles en état de calquer leur existence sur notre programme tiendrait sur la pelouse d'un de leurs parcs.

TABLE DES MATIÈRES

		Pages.
Préface	. . . .	1
I.	Les Enfants.	1
II.	L'Éducation des enfants	17
III.	Premières communions. . .	27
IV.	Le Mariage	33
V.	La Lune de miel.	45
VI.	Comment on se meuble.	53
VII.	La Journée de madame. . .	69
VIII.	Le Jour de madame. . . .	77
IX	Chez les autres.	81
X.	La Charité mondaine et les aumônes.	87
XI.	Le Grand diner.	99
XII.	Le Bal	121

		Pages.
XIII	Le Bal costumé	131
XIV.	La Tenue du soir	141
XV.	Le Flirt	145
XVI.	L'Arbre de Noël	155
XVII.	Le Guide des étrennes	159
XVIII.	Autour du deuil	167
XIX.	Le Vote dans les cercles	177
XX.	La Chasse a tir	185
XXI.	La Chasse a courre	197
XXII.	Les Distractions au château	207
XXIII.	La Vie anglaise	213
XXIV.	L'Art de vivre avec trois cent mille livres de rente	229

www.ingramcontent.com/pod-product-compliance
Lightning Source LLC
Chambersburg PA
CBHW050318170426
43200CB00009BA/1364